Der Text der Zeit

EDITION PANDORA

Herausgegeben von
Helga und Ulrich Raulff

Band 18

Europäische Vorlesungen II

Aldo G. Gargani

Der Text der Zeit

Dekonstruktionen einer Autobiographie

Aus dem Italienischen
von Reiner Grundmann

Campus Verlag · Frankfurt/New York
Editions de la Fondation Maison des Sciences
de l'Homme · Paris

Der vorliegende Text, in italienischer Sprache erstmals 1992 unter dem Titel *Il testo del tempo* erschienen, gründet auf Vorträgen, die vom 7.–9. April 1992 im Rahmen der »Lezioni italiane«, einer Vorlesungsreihe der Wissenschaftsstiftung Sigma-Tau und des Verlags Laterza, an der Staatlichen Universität von Mailand gehalten wurden.

Dieses Buch erscheint im Rahmen eines 1985 getroffenen Abkommens zwischen der Wissenschaftsstiftung Maison des Sciences de l'Homme und dem Campus Verlag. Das Abkommen beinhaltet die Übersetzung und gemeinsame Publikation deutscher und französischer geistes- und sozialwissenschaftlicher Werke, die in enger Zusammenarbeit mit Forschungseinrichtungen beider Länder ausgewählt werden.

Cet ouvrage est publié dans le cadre d'un accord passé en 1985 entre la Fondation de la Maison des Sciences de l'Homme et le Campus Verlag. Cet accord comprend la traduction et la publication en commun d'ouvrages allemands et français dans le domaine des sciences sociales et humaines. Ils seront choisis en collaboration avec des institutions de recherche des deux pays.

Die Deutsche Bibliothek – CIP-Einheitsaufnahme

Gargani, Aldo G.:
Der Text der Zeit : Dekonstruktionen einer Autobiographie ; [der vorliegende Text gründet auf Vorträgen, die vom 7. – 9. April 1992 im Rahmen der »Lezioni italiane«, einer Vorlesungsreihe der Wissenschaftsstiftung Sigma-Tau und des Verlags Laterza, an der Staatlichen Universität von Mailand gehalten wurden] / Aldo G. Gargani. Aus dem Ital. von Reiner Grundmann. – Frankfurt/Main ; New York : Campus Verlag ; Paris : Ed. de la Fondation Maison des Sciences de l'Homme, 1994
(Edition Pandora ; Bd. 18 : Europäische Vorlesungen ; 2)
Einheitssacht.: Il testo del tempo ⟨dt.⟩
ISBN 3-593-34958-2 (Campus Verlag)
ISBN 2-7351-0555-5 (Ed. de la Fondation Maison des Sciences de l'Homme)
NE: Edition Pandora / Europäische Vorlesungen

Umschlaggestaltung: Atelier Warminski, Büdingen
Satz: Typo Forum Gröger, Singhofen
Druck und Bindung: Druckhaus Beltz, Hemsbach
Gedruckt auf säurefreiem und chlorfrei gebleichtem Papier.
Printed in Germany

Inhalt

Die Geburt durch die Schrift

In dem Augenblick, da wir über unsere Person sprechen, scheint uns diese zu entfliehen; statt daß sie als geschlossene und vollständige Einheit erscheint, für die wir sie gewöhnlich halten, stellt sie sich als Feld von Spannungen und Brüchen dar, die den paradoxen Charakter unserer Existenz enthüllen. Natürlich handelt es sich um den Gegensatz zwischen dem, was wir tatsächlich sind und dem was wir nicht sind, wobei letzteres mindestens ebenso wichtig ist für das, was unsere Person ausmacht. Hinter uns gelassen haben wir Tausende von Erfahrungen, die unserer Unwirklichkeit entsprachen, welcher wir Herr werden mußten, und die wir doch keinen einzigen Augenblick lang loswaren, jeden Tag stehen wir ihnen aufs neue gegenüber, und so merkwürdig es klingen mag, wir sind uns dennoch nie begegnet. Die gewöhnliche Sprache ist nicht in der Lage, das Paradox dieser existentiellen Situation wiederzugeben, und zwar deshalb nicht, weil sie nicht in der Lage ist, unsere nie stattgefundene Realität aufzunehmen, die unaussprechlich ist, unsagbar und sich in den Löchern, den Lücken und den Abgründen manifestiert, die sich im Körper jenes Texts auftun, in dem die Schrift uns erzählt. In dieser Schrift gibt es uns tatsächlich und dann auch wieder nicht, und es ist diese Doppeldeutigkeit, die der gewöhnlichen benennenden Sprache entgeht, welche den Schattenkegel nicht festhält, den die Unwirklichkeit unseres Seins auf das wirft, was wir sind und auf das, was wir geworden sind, indem sie unsere Person den Abstraktionen, projektiven Idealisierungen und der Willkür des Willens entzieht, von denen wir uns einbilden, daß in ihnen unsere Realität bestünde, und sie stattdessen dem Spiel zwischen hellen und dunklen Sphären zurückgibt, in denen unsere Existenz in Wahrheit verstreicht und zu Ende geht. Es ist diese *untrennbare Situation* des Seins und des Nichtseins, des Traums und des Wachseins, erleuchteter Zonen und dunkler Schlupfwinkel unseres Bewußtseins, die über die gewöhnliche Sprache hinausgeht, die lediglich undurchsichtige, taube und stumme Fakten aneinanderreiht, die die verhärtete Haut unserer Person abgeben, unter der jedoch unsere Existenz auf der Suche nach ihrem dunklen Traum verläuft. Und dieser dunkle Traum ist das mögliche und ungefähre Szenario jener Transformation von uns, die in einer neuen Geburt kulminieren kann. Wir sind zur gleichen Zeit Schauspieler und Zuschauer eines großen Dramas der Existenz; eines Dramas, das auch die Wissenschaft einschließt; denn, wie der Physiker Niels Bohr gesagt hat, konfrontiert es uns mit der Notwendigkeit, alternative Sprachen zu finden, die miteinander nicht kompatibel, ja sogar paradox sind, um die atomaren Teilchen beschreiben zu können. Auch die relativistische Theorie hat ihre Voraussetzung im Traum einer Irrealität, die Einstein sich im Alter von 16 Jahren vorgestellt hatte, als er sich fragte, wie ihm die physische Welt erscheinen würde, flöge er auf einer Welle von Licht über sie hinweg. Unsere Geburt ist durch den Zeugungsakt unserer Eltern bestimmt und danach durch elterliche, familiäre, soziale und kulturelle Autoritäten modelliert worden, und wir sind durch all diese Instanzen auf einen Schlag verantwortlich gemacht worden, ohne dies sozusagen verlangt zu haben. *Aber danach gibt es eine neue Geburt, nicht jene, die uns von außen zustieß, sondern die Geburt, die wir uns selbst geben, indem wir uns unsere Geschichte erzählen, sie durch unsere Schrift neu definieren, welche den neuen Stil schafft, gemäß dem wir jetzt von den anderen verstanden werden wollen.* Dies ist die Geburt, die wir uns selbst geben, indem wir uns auf das unvorhersehbare Geschehen des Schreibens einlassen. Dies ist jedoch kein Willkürakt unseres Willens, der dies nach Belieben verfügte, und es ist auch keine objektive oder neutrale Bilanz unserer vergangenen Existenz. Auf der einen Seite suchen wir nach ihr und definieren sie als geheimnisvolles, aber notwendiges Gesetz unseres Seins, und auf der anderen Seite entdecken wir sie, gleichsam als unser wirkliches neues Leben, das sich herausbildet und durch den Akt unseres Schreibens entsteht. Unsere neue, zweite Geburt entsteht aus dieser Beziehung, in der sie zwischen Entdeckung und Erfindung zu schweben scheint, und es ist wirklich überraschend, wie die Realität unseres Seins durch einen paradoxen Prozeß erreicht werden muß, in dem man sich mittels der Schrift neu erfinden muß, um am Ende das zu werden, was man ist.

Wir sind wir selbst, und dann sind wir auch noch etwas anderes als wir selbst, und die neue Geburt, die wir uns durch die Schrift verleihen, ist der erneuerte Blick, der in seiner maßlosen Unschlüssigkeit schwankt zwischen dem, was uns als Personen durch die Umrisse unserer vergangenen Existenz definiert und dem, was in uns vorwärts drängt, etwas, das weder Halt hat noch feste Struktur, das ständig fortgerissen wird und einem noch offenen Horizont entgegenstrebt. Die Spannung, die jenes beunruhigende Kraftfeld bildet, das den Raum unserer Existenz durchläuft, zerrissen zwischen Ursprungsängsten und der Erneuerung in unserer zweiten Geburt, wird durch einen grundlegenden ethischen Entschluß aufgehoben, der dem Akt des Schreibens selbst innewohnt. Statt eine einfache, alternative ästhetische Version unserer Person zu sein, ist die neue Geburt in die ethische Anstrengung verwickelt, die neue Worte in Gang setzt. Es kommt der Punkt, an dem uns eine geheime Geschichte von uns selbst enthüllt, daß die überlieferten Worte unserer Vorfahren, Verwandten, Freunde und Gesprächspartner, die bei der Bildung der offiziellen Version unserer Person beteiligt waren, nicht mehr in der Lage sind, unser Sein zu erzählen. Diese Worte sind uns gleichwohl vertraut, sind Teile von uns, die wir gleichwohl nicht mehr vorfinden, auch wenn wir lange Zeit mit ihnen zusammen waren; wir müssen einen Akt ethischen Mutes vollbringen, um sie von uns zu entfernen, sie zu opfern, denn der, der nicht bereit ist, in die Tiefen seiner selbst hinabzusteigen, sobald dies zu schmerzhaft wird, ist danach zur Oberflächlichkeit auch im Schreiben verurteilt. Ein Weg ist nur ein Weg, es gibt unzählige andere, wir aber wählen denjenigen, der durch die intellektuelle Genauigkeit des Gefühls angezeigt wird, die uns unser Sein genau in dem zu erkennen erlaubt, das wir noch nicht sind. Unsere Geburt ist nicht das, was wir berichten, wir haben unsere neue Geburt nicht vor uns wie ein vollständig beschreibbares Objekt; dies wäre Illusion und Irrglaube zugleich. Stattdessen erzählen wir in unserem Schreiben die Abenteuer einer ethischen Passion, die den Mut zu einem neuen Weg verlangt und die Opferung dessen, was wir einmal waren. Wir beschreiben uns aufs neue, erzählen uns und unsere Geschichte von vorn, erzählen vor allem von der Opferung unserer alten Bestandteile, und am Horizont dieser Neubewertung unserer Vergangenheit erschließt sich und erscheint uns unsere zweite Geburt, welche sich an uns vollzog, während wir erzählten von all dem, was wir gewesen, und all dem Schmerz, den wir erlitten.

Der Text der Zeit

Angesichts der unbegrenzten und Grenzen überschreitenden Realität flüchten wir uns in den Schutz der Geschichte, der Chronologie und der Aufeinanderfolge, doch auch dies ist eine ideologische Fiktion und eine Entwirklichung, weil schließlich das Konkrete und Absolute des Lebens hier und jetzt in der Gegenwart stattfindet, die außerhalb der Geschichte steht; das Konkrete und Absolute ist meine Gegenwart, und meine Gegenwart befindet sich außerhalb der Geschichte, weil meine Gegenwart gegenüber jeder Wiederholung der Geschichte äußerlich bleibt, wie ein Text und ein Gedanke, der aus ihr herausragt, weil die Gegenwart, auch wenn sie wollte, sich nicht selbst in die Wiederholung der Geschichte verwickeln könnte, aus der sie folglich heraustritt. Die Geschichte ist eine Fiktion und zwar in dem Sinn, daß, wenn sie in irgendeiner Weise existiert, oder man einfach sagt oder schreibt, daß es sie gibt, *sie in keinem Fall unser Problem darstellt*. Und insofern sie nicht unser Problem ist, ist die Geschichte nicht unsere Realität, denn unsere Realität ist die Präsenz unseres eigenen Problems, das nicht mit der Zeit abnimmt, sondern es ist die spezifische und absolute Unmittelbarkeit unseres Blicks, den wir nicht sehen, auf die unbegrenzte Realität in ihrer gesamten Verwicklung. Ich berühre den Punkt meiner realen Existenz, indem ich sie ihrer geschichtlichen Hülle entkleide; ich sehe dabei keine besondere Sache und schon gar nicht eine Wirkung oder eine Konsequenz von etwas, das vorher geschehen ist, ich bin meine Gegenwart außerhalb der Geschichte, und dies ist der Sammelpunkt meiner ganzen Realität, die jenseits all der Realität liegt, die ich wahrnehmen kann. Einen Text vom eigenen Leben oder von der eigenen Realität anfertigen heißt, *nicht einen Text über die Geschichte anfertigen, sondern über die eigene Gegenwart, die eben dieser Text ist.* Der Text widersetzt sich der Abfolge in der Zeit, der Text ist die Anti-Zeit, der Text ist die Entfaltung der Gegenwart als Zeugnis meiner Realität, indifferent gegenüber dem Vorher, dem Jetzt, und dem Nachher; meine Gegenwart ist meine Realität, die aus der Geschichte heraustritt. In der Geschichte erkläre und beschreibe ich mich, in der Gegenwart bin ich der unerledigte Punkt meines Ursprungs. Aber meine Begründung liegt nicht in meinen Erklärungen, ich bestehe nicht aus Erklärungen, meine Begründung liegt in der Gegenwart, die, statt eine Erklärung zu sein, eine intransitive Antwort auf die globale Zeit ist. Und weil wir von Globalzeit sprechen, so entflieht die Gegenwart der Zeit und der Geschichte. Meine Realität ist nicht meine historische Wandlung, sondern meine Augenblicklichkeit, und nur in dieser Augenblicklichkeit erkenne ich mich, und es ergibt keinen Sinn, hier von richtigem oder falschem Erkennen zu sprechen, weil die Augenblicklichkeit meiner Gegenwart jedenfalls die Realität ist, die ich bin, das inchoative Prinzip, dessen Ausschließung vom historischen Horizont erst die Voraussetzung der Erfaßbarkeit schafft. Ich bin, und in diesem Vorfall, der mich in Anspruch nimmt wie meine Gegenwart, die ich bin, ist die Geschichte irrelevant, in dem Sinne, daß ich für mich das grundlegende Problem bin, das ich für mich selbst errichtet, das folglich jeder für sich selbst errichtet, und hier *ist jeder wie ich*, dies ist die Implikation des Umstands, daß ich bin und nicht, daß ich gewesen bin. Die Geschichte ist gewesen, gewiß, ich bin gewesen, auch das ist gewiß, aber der schwindelerregende Punkt meiner Realität ist, daß ich jetzt bin und mich nicht *innerhalb der Geschichte* befinde, sondern der ganzen Geschichte gegenüber und folglich außerhalb von ihr. Ich bin der Text meiner Differenz zur Realität. Der abgrundtiefe Punkt in Bezug auf die verbleibende Zeit, ist nicht die Tiefe einer entfernten Geschichte, die als solche abstrakt ist und auf die wir keinen verständlichen Zugriff haben; nein, *der abgründige Punkt ist mein Text jetzt über mich*. Der Text, der eben von mir selbst geschrieben wird von einem anderen Ich selbst, welches das erste Selbst nie erreichen wird, ist tatsächlich der Abgrund, an dem ich angelangt bin, und das ist alles, was ich bin.

»Du wirst mich nie verlassen, stimmt's?« sagte ich. »Zu guter Letzt wirst du mich nie gehen lassen, so wird es enden, stimmt es nicht?« sagte ich zur Idee meines Vaters, eines anarchistischen Malers. Dabei dachte ich, daß die Idee der unnachgiebigen und absoluten Freiheit, die er verkörperte und an mich weitergegeben hatte, sich im Lauf der Zeit in einen extremen Zwang meines Lebens verwandelt hatte; daß ich am Ende mein Leben gar nicht gehabt hätte, so dachte ich, daß vielleicht niemand es jemals hat, so sagte ich mir, als ob wir alle wiedergeboren werden müßten, oder als ob wir überhaupt nie geboren worden wären. Jedesmal ist dies die Zeit, die verbleibt. Es wird wieder ein Text entstehen, ich werde wieder entstehen, ich, der ich bisher von meiner Geschichte gelebt habe, werde in meinem Text wieder entstehen, in dem ich mich zur gleichen Zeit sterben sehe. Und dies ist meine fragile Gegenwart, die sich zeigt, nachdem ich die lange vorgeahnte, doch immer verschobene Reise im Gedächtnis durchlaufen habe; aber ich sagte mir immer, denke ich jetzt, daß nur der Text eines mitleidlosen Gedächtnisses mich zur Begegnung mit mir selbst hätte führen können und am Ende zu meiner Gegenwart, das heißt zu der Sache, dachte ich, die man nicht sehen kann, auf die man aber, wenn man einmal einen bestimmten Weg eingeschlagen hat, auf jeden Fall treffen muß, und daß es meine Gegenwart ist, die sich auf der Bühne der vernichteten Welt spiegelt, denn jetzt ist an ihrem Platz ein Text, und ich habe mich in seinem Innern versteckt, wo alles gegenwärtig ist, wo es an nichts fehlt, weil alle Dinge ihren Namen haben, welches ihre einzige Existenzbedingung ist. In der Zeit, die verbleibt, bin ich zum unsagbaren Anhängsel meines Texts geworden, der sich am Ende selbst geschrieben hat wie eine ungeheure Realität und der sich mittels seiner eigenen einflußreichen Zeichen mitgeteilt hat. Die Wahrheit ist, daß ich die Konsequenz des Prinzips einer Realität bin, die mir nicht gehört und die immer etwas hervorgebracht hat: einmal mich als Erwachsenen, dann mich als Kind, Erwachsenen und nochmals Kind, Kind und Erwachsenen immer zugleich, einer Realität, die auch die einzige Gemütsregung der Existenz hervorgebracht hat, die vollständig im Text gesammelt und aufgehoben ist. Und in der Zeit, die verbleibt, erweist sich das Wort der Hoffnung als das gewagteste Wort, das sich in meiner Gegenwart von selbst ausdrückt, angesichts einer Welt, die verschwindet. Ich schreibe, um von vorn anzufangen, ich schreibe Zeilen, um mich auf einen Punkt zu reduzieren, damit sich am Ende die Hoffnung zeige, die sich nur selbst ausdrücken kann und die weder ich noch ein anderer sich geben kann. Mein Text ist nicht für mich bestimmt oder für mich gemacht, er ist meine Enteignung, weil sich am Ende etwas, das ich nicht bin, von selbst ausdrückt. Ich und wir alle sind der Punkt der Verwirrung und des Widerstreits zwischen einer Welt, die verschwindet und einer Welt, die Form annimmt im Treiben ihrer Unbeständigkeit, und das ist die ganze unabsehbare und unkontrollierte Realität. Es sind nicht wir, die auf blühende Zeichen unserer Existenz zusteuern, so es sie denn geben sollte; nach allem, was wir wissen können, sind wir nur die Vorgeschichte unserer Enteignung und des Vollzugs unserer zufälligen Ereignisse bis hin zu unserer Auslöschung, die uns nicht auf das Vorhersehbare, Kalkulierte, Ideale treffen läßt, sondern auf das Reale. In unserer Enteignung, die ein Ins-Werk-Setzen unserer selbst ist, werden wir zu unserer Gegenwart, und zwar zu unserer extremen Gegenwart, die unsere Situation mit einer radikalen Einsamkeit umgibt; den anderen, den Personen, die uns am nächsten stehen, waren wir im Schmerz nahe, *mit ihnen haben wir eine ganze Geschichte geteilt, eine ganze Existenz voller Schmerz, aber wir haben nicht unsere Qualen geteilt, die doch unsere Gegenwart sind.* Und so trennen wir uns von den Brüdern, und so trennen wir uns von den Schwestern, geeint im Schmerz, getrennt in der Qual. Der Schmerz ist mein Original, der Schmerz ist das Original, der sich in meinen Brüdern findet, die immer in ihm ausgeharrt haben.

Die Qual hingegen ist der Punkt, an dem sich meine Herausbildung durch mich selbst vollzieht, und die ich als Perspektive dieses Schmerzes und als Abstand zu diesem Schmerz definiert habe. *Jedes Original ist immer schon eine Fälschung; wenn meine Schwester etwas sagt, sagt sie nicht das, was sie sagt; sie drückt den Schmerz aus, gibt aber vor, nicht den Schmerz auszudrücken. Und der Schmerz, den sie am Ende nicht ausdrückt, ist meine Qual.* Meine Brüder sagen, sie hätten aufgehört, so zu tun als ob, was immer auch ihre Zukunft sei, weil sie in Wirklichkeit keine Zukunft haben, sie sprechen aber ihren Schmerz nicht aus, der das Original ist, so daß eine Fälschung entsteht, weil es nicht das ist, was sie sagen. Meine Brüder sind in Wirklichkeit der Schmerz, sie aber kommen nie beim Schmerz an, weil man nur über die Qual zum Schmerz kommt. Ich nehme den Schmerz meiner Brüder in ihren Wohnungen wahr, in dem Sinne, daß es ausschließlich Schmerz ist, was ich vorausahne und dann tatsächlich bei meinen Brüdern wahrnehme, aber es ist keine Qual dabei. Sie sprechen den Schmerz nicht aus, den ich in allem erkenne, was sie sagen, ich nehme den Schmerz auf ihren Gesichtern wahr, in den Falten ihrer Züge, ich erkenne den Schmerz in ihren Haaren, in ihren Händen, in ihren Mänteln, die am Kleiderständer hängen, in ihren Mundwinkeln, ich erkenne den Schmerz in allen Sachen, die sie besitzen, ich lese ihren Schmerz in den Nippesfiguren auf ihren Bücherregalen, ich nehme den Schmerz in den Teetassen wahr, die sie mir hinstellen, wenn ich sie besuchen komme, aber der Schmerz, von dem sie sprechen, ist nicht das, was sie zu sagen glauben, und so ist ihr ursprünglicher Schmerz schon eine Verfälschung, deshalb handelt es sich um Schmerz, der sich nicht in ihre Qual verwandelt und der so zu *meiner* Qual wird. Ich sehe sie an und, plötzlich, als ob es eine ungeheure Vision wäre, sehe ich sie durch meine Qual hindurch, ich sehe sie einfach durch mich und sage: »Ich bin ihr Bruder!« Und dann denke ich, daß es meine Qual ist, die die unendliche Distanz zu ihrem Schmerz schafft, den ich als unendliche Schmerz-Qual wahrnehme, die mich von ihnen trennt. Während ich ihr Schmerz bin, sprechen sie den Schmerz aus, von dem sie nicht glauben, daß sie ihn sagen, der aber der Schmerz ist, der sie zur selben Zeit sind und der den *monumentalen Schmerz unserer Familie ausmacht*, so denke ich jedesmal, wenn ich die Türschwelle zum Haus meiner Brüder überschreite. Während sie sprechen, um sich gegen den Schmerz zu verteidigen, der sie sind, denke ich über ihre Schultern hinaus das Abenteuer meiner Einsamkeit, welches das einzige blühende Zeichen meiner Existenz ist und das aus der Idee eines mehrfachen Raumes von unbestimmten Dimensionen besteht, in dem alles geschehen könnte, *in dem ich nichts anderes zu sein glaube als das Verlangen nach all dem, das geschehen könnte*. In jener künftigen Einsamkeit, die die Trennung vom Schmerz meiner Brüder ist, die ich durch den Nebel meiner Qualen hindurch wahrnehme, und der auch der Grund der Tatsache ist, daß meine Brüder in ihrer tatsächlichen Existenz ausgebleicht sind, mehr noch als auf ihren Photographien, ausgezehrter noch in ihrer tatsächlichen Existenz, als sie es in meiner Erinnerung sein werden; sie in ihrer jetzigen Wirklichkeit *ausgebleicht* und *ausgemergelt* sehend, wird mir klar, daß ich in der Tat nur von einer Sache sprechen kann. Über welche Sache ich auch immer schreibe, früher oder später wird mir bewußt, daß die ganze Wahrheit meiner Familie darin besteht, daß meine Brüder vom Schmerz ausgebleicht und ausgemergelt sind, der am Ende die einzige Wahrheit meiner Qualen begründet.

Das Schreiben des Unmöglichen

Das Unmögliche bleibt unmöglich, aber die Schrift gibt uns wenigstens diese Unmöglichkeit zurück. Die Liebe, die ein Eindringen in einen anderen ist, ist vor allen Dingen unmöglich, sie steht und fällt zusammen mit dem Gefühl dieser Unmöglichkeit, weshalb wir am Ende ein Gesicht lieben und es danach für unmöglich halten, so denken wir; der Körper, in den wir eindringen wollen, erfüllt uns mit Leidenschaft, als ob er der äußerste Punkt wäre, der in einem ewigen Augenblick, welcher der Zeit vorausgeht, geschaffen wurde, so denken wir; aber am Ende entdecken wir, daß wir dieses Gefühl der Unmöglichkeit nicht erst *danach* hatten, sondern daß die Unmöglichkeit schon von Anfang an da war, daß sie schon vor der Zeit existierte und das, was wir jetzt lieben, ist die gleiche Unmöglichkeit ihres Blicks. Wir wußten nicht, daß das, was wir entlang ihres Blicks durchlaufen haben, die Züge ihres Gesichts und ihrer Unmöglichkeit waren. Vielleicht liegt die Wahrheit in der außergewöhnlichen Verbindungslinie zwischen der Wahrnehmung der Dinge, der Buchtitel, der Namen ihrer Autoren, der Gesichtszüge und der außergewöhnlichen Breite der Grenzüberschreitung dieser Dinge und dieser Bücher, wo man nicht mehr weiß, was aus ihrem Schicksal wird. Wir sehen die Dinge in dem Augenblick an, der ihr Schicksalsmoment ist, in dem sie sich zu bewegen anfangen; ein Leben lang standen sie still, und nun fangen sie an, sich zu bewegen, um sich einem offenen Schicksal zuzuwenden, das ihre Verständlichkeit auslöscht, die vielfältig und andersartig geworden ist, hin zu einem Ort, an dem die Silben anders klingen und die Konsonanten ungehörte Klangfarben erzeugen, die sie für die Dauer *unseres Lebens* geheim gehalten haben, nicht aber vor jenem Leben, das ihnen angehört und von dem wir nichts wissen.

Und nun geschieht alles zugleich, alle Gedanken erscheinen zugleich, vielleicht weil die Linie unserer Existenz alles allem angleicht und die außergewöhnliche Vielfalt aller Dinge erzeugt, die zur selben Zeit zusammen erscheinen: der Geruch der Kinos von Genua, die ich als Kind aufsuchte, wo die italienischen, französischen und amerikanischen Filme alle denselben Geruch der Plüschsessel hatten; so viele Filme waren es, und doch hatten sie alle den gleichen Geruch. Alles erscheint auf einmal, so als ob man sterben würde, und wie könnte man auch jene Sternennacht entlang der Serpentinenstraße oberhalb von Genua vergessen, als wir nach der spektakulären Bombardierung aus unserem Zufluchtsort zurückkehrten in die Stadt, die in der Nacht vom winterlichen Sternenhimmel glänzte? Ich klammerte mich an die Hand meines Vaters und an die Schatten meiner Mutter und meiner Brüder, die durch das Dunkel rutschten und dachte, daß wir durch die Nacht einer arabischen Fabel marschierten, die von weit her endlich auch zu uns gekommen war, wie ein Geschenk über unsere Stadt. Und die Bombardierung war ein Erscheinungsfest, keine nachträgliche Erklärung und kein Realitätsbeweis konnten jemals diese ursprüngliche Gegebenheit auslöschen. Dank einer Bombardierung hatte ich entdeckt, wie der Himmel war, und von der Zufluchtsstätte auf der oberen Umgehungsstraße von Genua zurückkehrend hatte ich zum ersten Mal die Bedeutung der Nacht leuchten sehen. Danach haben wir die Dinge des Lebens aufgeteilt, danach habe ich jene unterschieden, die zu meiner Existenz gehören, aber die Wahrheit ist, daß diese alle zusammen auftauchten und so geblieben sind. Und das macht diese Erzählung so wenig plausibel, welche die einzig wahre ist, und in der alle Aspekte unseres Lebens zusammen erscheinen. Die wahrste Geschichte ist diejenige, die am unannehmbarsten erscheint, weil in dieser alles zur gleichen Zeit geschieht, alle Dinge zur gleichen Zeit kommen; trotzdem bleibt es die wahrste Geschichte. Wir unterscheiden, und so irren wir uns. Wir unterscheiden die Züge unserer Existenz, um die Erzählung akzeptabler zu machen; und auf diese Weise wird unsere Erzählung akzeptabler, aber nicht wahrer. Am Ende ist unsere Erzählung nicht einmal mehr akzeptabel, ohne dadurch nun wahr geworden zu sein. Sie hätte von Anfang an nicht akzeptabel bleiben müssen, nicht erst am Ende. Es ist unser Anfang, der nicht akzeptabel ist, und ich weiß nicht wie, aber wir müssen immer wieder auf jenem Anfang beharren, leidenschaftlich auf unserem unakzeptablen Anfang beharren; auf unserer prästabilierten Disharmonie, oszillierend, umherirrend, Indizien und Spuren ankündigend, die in der schweigenden dunklen Unermeßlichkeit von Schuld und Verlangen enden, von der wir den Blick nicht abwenden können, in der jedoch trotzdem mit ungeheurer Mühe das Gleichgewicht unseres Durcheinanders wiederhergestellt wird, folglich auch der Auftritt der verschiedenen und widersprüchlichen Figuren unserer Geschichte erfolgt, welcher der Physiognomie unserer Existenz und der Erzählung von ihr entspricht.

Kopie und Original

Das Rationalitätsmodell, das in grundlegender Weise die abendländische Tradition ausdrückt und für sie bezeichnend ist, vergleicht die Rationalität mit einem Zustand, in dem die Menschen einem Zwang von Regeln folgen. In diesem Sinn erscheint die Rationalität als die unerbittliche Abfolge von Schritten, die der Verstand eigentlich setzen müßte, und der Mensch, der als rational definiert wird, ist derjenige, der auf Schritt und Tritt sein Opfer bedrängt, bis er es mit dem Rücken an die Wand drückt, als ob jemanden rational überzeugen hieße, ihm am Ende die Unerbittlichkeit eines Zwangs *spürbar* zu machen. Der traditionelle metaphysische Begriff der Rationalität wurde mit mechanischen Modellen und Kausalautomatismen identifiziert, die von einer einflußreichen Metapher gesteuert wurden und zwar von derjenigen, nach der das Denken seine eigenen Schlußfolgerungen mit derselben Unvermeidlichkeit produzieren müßte, mit der ein Stromfluß eine magnetische Nadel ablenkt oder einen thermischen Effekt produziert. Indem sie diese Leitmetapher verfeinert hat, die für den Begriff der Rationalität einsteht, hat die westliche metaphysische und rationalistische Tradition eine Beziehung zwischen den verschiedenen Elementen eines Denkens angenommen, durch die der Geist *räsonierend* schreitet, als ob dieser eine automatische Verbindung von Elementen, Schritten und Verfahren wäre. In diesem Sinne hat sie die Widerstandskraft eines Seils einer inneren Kraft zugerechnet, die durch seine ganze Länge hindurchgeht, statt sie dem Umstand zuzurechnen, welcher tatsächlich vorliegt, nämlich der Überlagerung verschiedener Fasern, wodurch nicht mehr gesehen werden kann, daß beim Durchschneiden einzelner Fasern die Kraft des Seils insgesamt abnimmt.

Nach meinem Urteil zeigt sich die Besonderheit der hermeneutischen Rationalität im Übergang von einer mechanischen Auffassung der Sinnbildung unserer Ausdrücke – in der jeder Abschnitt, jeder Bestandteil, jedes Element eindeutig und starr mit allen anderen verbunden ist und unter Wiederholungszwang steht – zu einer Auffassung, in der der Sinn des Diskurses nicht die resultierende *Einheit* eines mechanischen und unerbittlichen Apparats ist, sondern als Gemeinsamkeit von Abschnitten entsteht, die untereinander unvereinbar sind und zusammengeführt werden in einer Szene, in der sie einfach zusammen existieren. Zwischen den Elementen dieser Szene gibt es keine zwingende Verbindung nach der logischen Implikation, der zufolge gilt, wenn *p*, dann *q*, sondern eine andere Beziehung, in der *eins das andere gibt* in einem Prozeß, der nicht in der Angleichung der Elemente dieser Szene besteht, sondern darin, daß sie erst am Horizont ihres Zusammentreffens, der nicht voraussehbar ist, Sinn ergeben. Gerade die Fremdheit jedes Teils, jedes Diskurselements in Beziehung zum anderen, jene Fremdheit, die dafür verantwortlich ist, daß der Diskurs ein *Dis-kurs*, das heißt, ein Auseinanderlaufen ist, das heißt ein Verlauf von einem Wort zu einem anderen, begleitet vom Trauma des Verlassens, welches ein Übergang dieser Art mit sich bringt – diese Fremdheit, die das Element der *Undurchsichtigkeit* jedes Symbolismus beinhaltet, legt Rechenschaft ab vom Begriff des Seins, der im Zentrum der heideggerschen Reflexion steht, verstanden nicht mehr als Einheit, als Ding, Substanz, sondern als Ereignis, d.h. als Geschehen eines Sinns, der ein Enthüllen und zugleich ein Verbergen ist, so wie das Licht einer Szene, die sich erhellt, die sich aber auch zurückzieht und versteckt in der maßlosen Unschlüssigkeit, in der jedes Element, jedes Ding auf der einen Seite das ist, was es wirklich ist, und auf der anderen Seite das nicht voraussehbare Treiben-Lassen seiner Bedeutungen, dem es entgegengeht aus Mangel an Stabilität und Struktur der Einheit als solcher. Die ungeteilte Wahrnehmung der Realität, für die die Einheit nicht mehr die Einheit in ihrer Vollkommenheit und Bestimmtheit ist, sondern auch das Treiben ihres Schicksals und seiner unendlichen möglichen Verbindungen, erklärt das Verbergen jedes Elements einer Szene des Sinns, deren Undurchsichtigkeit sie hervorbringt. Die Undurchsichtigkeit jedes Dings, Worts, Begriffs, Ausdrucks, die zusammenlaufen, um dieses Zusammenhängende, aber nicht Zwingende zu formieren, das die Szene des Sinns ist, erklärt, warum es sich am Ende um eine Szene des Sinns handelt, statt um eine Rationalität, verstanden als mechanischer, automatischer Vorgang der Verkettung der Elemente; es handelt sich also um eine Szene des Sinns statt einer vermeintlichen Entfaltung einer völlig aufgeklärten Vernunft. Am überraschendsten dabei ist die Tatsache, daß die entscheidende Metapher, die am Anfang des Modells der logisch-analytischen Rationaliät steht, aus der Idealisierung eines mechanischen Kausalprozesses besteht, der dann verfeinert und erhöht wird, wenn die Begriffe und Sequenzen der Aussagen, Texte und Diskurse sich zu einer intimen Kohärenz zusammengefunden haben. Gemeint ist, daß die kausale Verkettung, die zwischen den natürlichen Ereignissen besteht, mit Hilfe einer angesehenen und einflußreichen Metapher in den Bereich der symbolischen Verknüpfungen übertragen wird. Die Unerbittlichkeit des Kausalnexus wird umgewandelt in eine unterstellte innere Beziehung, die zwischen den Worten bestehen soll, durch die der Diskurs voranschreitet und argumentiert. Auf diese Weise ist am Ende dank der metaphorisch erzeugten Umwandlung ein Hammerschlag für die unerbittliche Notwendigkeit der rationalen Argumentation verantwortlich. *Und auf diese Weise wird die dunkle Szene der Beziehung zwischen Ursache und Wirkung paradoxerweise verantwortlich für die helle Szene der entfalteten Vernunft.* Aber wie man sieht, handelt es sich um philosophische Alchemie und um Kartenhäuser. Die aufs Logische bedachte Rationalität determiniert flugs alle Schritte und alle Konsequenzen des normalen oder des wissenschaftlichen Diskurses, ganz so, als ob es sich um eine mathematische Abfolge handelte. Die Rationalität des hermeneutischen Diskurses besteht hingegen darin, die Wörter, die im Raum der Abwesenheit, in der Falte ihrer Selbstimplizierung außerhalb eines Codes, der auf Absicherung eingerichtet ist, entstanden sind, zu sammeln – deshalb gehören sie keiner schon vorausbestimmten und vorgesehenen Ordnung an; der hermeneutische Diskurs realisiert die Koexistenz von Wörtern, Zügen, Zeichen und Spuren in einem Szenario, das die *Manifestation eines möglichen Schicksals des Sinns* ist, statt in einer mechanischen Verkettung von Begriffen. Und hier ist es der Begriff der Szene selbst, der den Begriff des Zeichens in gleicher Weise erhellt, wie das Auftauchen eines neuen Seinshorizonts, der in seiner Eigenschaft als Sein, das sich ereignishaft zeigt, den Charakter der spezifischen und partikularen Einheiten erhellt.

Begriffe sind beständig, es sind Teile des menschlichen Lebens, die sich nicht zu verändern scheinen und die das ausmachen, was wir ihre stabile Kultur nennen. Die Ereignisse jedoch bleiben nicht bestehen; im Unterschied zu den Begriffen, die sich wiederholen, kommen die Ereignisse nicht wieder, und darin liegt wahrscheinlich die Wurzel unseres Leidens. Es sind nicht die unvorhersehbaren oder in ihrem Ausgang ungewissen Unglücksfälle, die uns bestürzen oder uns an die Schwelle extremen Schmerzes führen. Vielmehr ist diese Form des Ereignisses, das plötzlich auftritt, sich auf unserer Existenz abzeichnet und wieder verschwindet, nur seine Spur hinterlassend, die Szene, aus der das Schicksal unserer zum Leiden bestimmten Existenz herabsteigt. Die Ereignisse, eben weil sie sich nicht wiederholen, sind die Vorgeschichte unseres Schmerzes des Verlassenseins. Wir sind für die Ereignisse gehalten worden, die uns jedesmal verlassen haben, und es konnte auch gar nicht anders sein, und nun ist jedes Ereignis die Szene des wiederholten, immergleichen Schmerzes. Und so verursachen uns die Ereignisse Schmerz, weil sie uns jedesmal außerhalb der beschützten und sicheren Kultur stellen und unsere nackte Haut den Angriffen des Lebens aussetzen. Wie sollte man dies glauben, und doch ist jedes Ereignis, das wirklich ein Ereignis ist und nicht nur seine Simulation oder eine abstrakte Idee des Ereignisses oder das bloße Wort »Ereignis«, so wenn wir »Ereignis« sagen und in Wirklichkeit an kein bestimmtes Ereignis denken, so wie wir im allgemeinen ein Wort bevorzugen, ohne seine internen Empfindungen mitgeliefert zu bekommen, deren Fehlen aber aus unserem Wort ein verdammtes Wort macht, deren Verlust aus unserem Wort ein perfides Wort macht, so ist jedes Ereignis das Leben selbst, das in seiner ganzen Fülle hereinbricht und zugleich doch das Zeichen seines Verlassens ist, der Tatsache, daß wir vom Lichtstrahl verlassen sind, der uns geblendet und durchquert hat und aus uns jedesmal gezeichnete Opfer der Existenz gemacht hat, aus uns, die wir nie ganz geboren, aus uns, die wir plötzlich ins Leben gerufen und genauso jäh wieder der Existenz entrissen werden. Es ist immer die gleiche Sache, die wir gesucht haben, die verschiedensten Sachen haben wir gesucht, und wir haben überall gesucht, jetzt wissen wir es, aber für den größten Teil unseres Lebens haben wir überhaupt nicht gewußt, daß wir immer die gleiche Sache gesucht haben. Es ist schmerzlich, den Weg mit der Erinnerung zurückzugehen, um die bunte, vielfältige und unnütze Ansammlung von Dingen, die wir gesucht haben, wieder wachzurufen. Weil die Wahrheit, die tatsächlich die einzige Wahrheit und auch die einzige gespenstische Wahrheit ist, darin besteht, daß wir eine einzige Sache gesucht haben und daß alles andere eine unendliche Verschwendung unserer Energien war, die dort verausgabt wurden, wo wir in Wirklichkeit nie gewesen sind, wo wir nicht einmal wissen, ob es etwas geben könnte, das auch nur den Anschein unseres Interesses wecken könnte. Wahr ist, daß wir uns im Lauf der Zeit gefestigt haben, wir geben nicht mehr den banalen Verlockungen nach, um das Haupt heben zu können und festzustellen, daß unsere Vergangenheit, *unsere ganze Vergangenheit* keine eitle oder unnötige Aufregung, sondern das vollständige Mißverständnis unseres Lebens war, weil wir einmal glaubten, *dieser* zu sein, dann wieder *jener* zu sein und doch immer nur die gleiche Sache suchten, von der wir nicht wußten, daß es die gleiche Sache war, von der wir uns nicht einmal vorgestellt haben, daß es die gleiche Sache sein könnte, die aber dennoch die gleiche Sache war, nämlich die Falte des Liebesverlangens nach Schönheit, die jetzt als dasselbe konstante Lichtspektrum des Mondes erscheint, das hinter allem, was wir immer wieder suchten, sich verbarg. Es war ein Wesen, was wir suchten, ja es war wirklich ein Wesen, will sagen ein Wesen in dem Sinne, daß es immer um die eine gleiche Sache ging, die jetzt als ein gespenstisches Wesen erscheint, einfach weil wir nicht wußten, daß es sich immer um die gleiche Sache handelte, immer um die gleiche Sache, immer um die gleiche Liebe, die wir nie aufhören zu lieben und von der wir unterdessen verlassen wurden, während wir sie nicht suchen konnten, weil, wenn man liebt, alles Liebe ist, auch wenn es Schmerz oder Schrecken ist. Tatsache ist, daß wir eine Existenz verbracht haben, ohne zu wissen, daß wir im bunten vielfältigen Treiben des Lebens und der anderen Menschen am Ende, in dem Rückblick, zu dem wir fähig sind, in Wirklichkeit immer die Physiognomie derselben Unruhe entdecken.

Als Kind, ich war noch sehr klein, erschienen mir die Bilder, die mein Vater malte, wie merkwürdige und unverständliche Objekte; nach und nach erschienen sie mir dann wie Monster, die ölige und gewalttätige Farben statt Blut ausschwitzten, am Ende war der Schrecken verschwunden, ich hatte mich daran gewöhnt, sie im Vorbeigehen anzuschauen, und jemand muß mir zu Hause gesagt haben, daß ich begänne, sie zu verstehen, während ich in Wirklichkeit nur begann, mich an sie zu gewöhnen. Meine Gewöhnung war tatsächlich der Anfang, sie zu verstehen. Aber mittlerweile war das Böse in mich eingedrungen ohne daraus wieder zu verschwinden, ich könnte sagen, daß es immer noch dort ist, so wie es damals dort war, weil ich aus jenen Bildern den bedingungslosen und grundlosen Schmerz empfangen habe, den Schmerz, der *zuerst* kommt, der vor allem anderen kommt, der nichts hinter sich hat und der hingegen alles vor sich hat. Auch der vorzeitige Tod meines Vaters, eines unbemittelten anarchistischen Malers, ist bei genauem Hinsehen eine Konsequenz seiner Bilder. Ich glaube nicht, daß die Bilder meines Vaters sehr schön sind, auch wenn viele dies sagen; das mögen sie zuweilen auch sein, aber sie sind es sozusagen nicht üblicherweise und nicht grundsätzlich, und sie sind jedenfalls nicht Bestandteil der Geschichte der Malerei, sondern Bestandteil der Geschichte des Todes meines Vaters. Mein Vater glaubte, die Bilder zu malen, um Malerei zu betreiben; tatsächlich jedoch, als er noch sehr jung war, und als er dann nicht mehr jung war, erzählte er durch das Malen von seiner Verzweiflung, während er glaubte, seine Bilder zu malen. Mein Vater mischte intensive und leuchtende Farben auf der Palette, aber auf der Leinwand zog er nur den schwarzen Strich der Verzweiflung, der all das war, was er war; er malte seit seiner Jugend mit verwirrtem Geist seine schwarze Verzweiflung, während er glaubte, dadurch ein professioneller Maler zu werden, und als er ein professioneller Maler geworden war, begann er als professioneller Maler die Geschichte seines Todes zu malen; mein Vater hat dem Anschein nach Plätze in Genua gemalt, Landschaften, Meeresufer, Stillleben, aber das, was er tatsächlich darstellte, war der immense und leere Raum der Verzweiflung, der ihn einsog. Jedes Mal, wenn er sich der Staffelei näherte, auf der das Bild stand, machte mein Vater einen Schritt nach vorn in Richtung des blinden und toten Punkts seiner Existenz. Man kann sagen, daß mein Vater malend starb; ich glaube, daß man sagen muß, daß mein Vater am Ende einer Malerei starb, die von Anfang an die Geschichte seines Todes war. Die Bilder meines Vaters, deren intensive Farbgebung von einem Kritiker in einer Zeitschrift als Ausdruck der tiefen, besonderen Lebensfreude meines Vaters bezeichnet wurde, enthielten das Leiden, welches das innerste Leiden war, das es gibt, weil es das Erleiden des Schicksals zum eigenen Tode war. Dieses Kind, das ich war, wurde durch das ursprüngliche Leiden auf den Bildern seines Vaters berührt, und davon hängt alles übrige ab. Am Ende, so habe ich mir oft gesagt, hängt alles von diesen Bildern ab, auf denen die Flecken der Ölfarbe die größte Grausamkeit und Unsittlichkeit der Existenz waren. Auf diesen Bildern habe ich gelesen, hatte ich gelesen, so glaube ich heute, daß *das Leben schmerzen kann, bis es den Atem verschlägt, daß das Leben auf einer Macht der Verführung beruht, welche die Grausamkeit ihrer Lust verbreitet.*

Von diesen Farbklümpchen, die über die Bilder meines Vaters tropften, habe ich erfahren, was des Nachts zwischen meinem Vater und meiner Mutter im Bett geschah. An einem Nachmittag im Sommer, dessen Datum ich nicht erinnere, bin ich in das Schlafzimmer meiner Eltern eingedrungen, als mein Vater etwas zu meiner Mutter sagte; er brummte etwas mit schweißgebadeter Stimme; es war ein Sommernachmittag, den ich nicht datieren kann, es war ein Nachmittag, der vor allen Zeiten kommt, es ist mein ursprünglicher Nachmittag, aus dem alle nachfolgenden Nachmittage folgten, die dann zu *allen Nachmittagen meines Lebens* wurden. Heute könnte ich sagen, jene Nachmittage, welche die Nachmittage meiner Schwäche und meiner Melancholie waren. An einem bestimmten Punkt im Leben beginnt man, schnell zu gehen, um dann in einen Wahnsinn zu verfallen, der jedem von uns bestimmt ist und in den man sogleich verfällt, sobald man die Bremsen löst, und dann bremst nur ein Federstrich den Wahn; aber stimmt es auch, wenn man dann sagt, der Wahn sei gebremst worden? Die Wahrheit ist, daß der Wahnsinn weiterhin die Kreise unserer Existenz stört; die Wahrheit ist, daß die Menschen aufgrund dieses Bremsens die komischen Gesichter annehmen, die sie mit sich herumtragen. Jede Grimasse eines Mannes ist die durch einen Mann gebremste Tragödie, jeder Mann, der eine Frau zum Lachen bringt, der sie natürlich bis zu dem Punkt lachen macht, daß sie sich schämt, und zwar aus dem einfachen Grund, daß sie existiert und auf der Welt ist und daran Schuld trägt, jeder Mann findet das grausame Zeugnis seiner Depression in dem Lachen, das er in der Frau ihm gegenüber hervorruft, als ob diese lachende Frau im Ursprungsmoment anwesend gewesen wäre, in dem seine Urdepression das Schicksal seines komischen Gesichts verfügt hat. Wir glaubten, zumindest ich glaubte daran, daß wir allein sind in dem Moment, in dem ein Bestandteil in der Anordnung unserer Existenz nicht funktioniert hat; ich glaubte, allein zu sein, als die ungeheure Urdepression explodiert ist, ich glaubte, allein zu sein mit meiner grundsätzlichen Einsamkeit von der ich meinte, daß es meine Depression sei und nicht vielmehr, wie sich herausstellte, die Urdepression, die alle Grenzen überschreitet, um sich am Ende in der komischen Grimasse unseres Gesichts zu versammeln. Die Frauen waren immer der Spiegel unserer Depression; unsere Depression hat sich in verschiedenen Weisen verkleidet und versteckt, aber früher oder später wurde sie vom Lachen einer Frau entdeckt, demaskiert und zurückgespiegelt. Am Ende, nach so vielen abwechselnden und komplexen Ereignissen bemerken wir, daß wir nur unser komisches Gesicht sind. Und dies geschieht jedesmal in einem Augenblick, weil der Gedanke schnell wie der Blitz ist. In einem einzigen Augenblick sieht sich ein Mann demaskiert; das erste, woran ein Mann denkt, der demaskiert wird, ist gerade das Mißverhältnis zwischen der ungeheuren Zeit, die er gebraucht hat, den komischen Ausdruck seiner Depression zu maskieren, und dem Augenblick, der einer Frau – die mit all ihren Zähnen zu lachen beginnt – genügt, um seine Depression zu demaskieren. Die schlimmste Frustration des Mannes, der demaskiert wird, hängt von der Zerbrechlichkeit ab, mit der er in einem Augenblick all sein Befestigungswerk zusammenfallen sieht, auf das er die Maske seiner Depression aufgebaut hatte. Dies sind die wissenschaftlichen Beweise des Lebens, dies ist das *experimentum crucis* einer Wissenschaft, welche die einzige Wissenschaft ist, die sich unserer Existenz widmet und die übrigens die einzige Wissenschaft ist, die ich kenne. Die Wahrheit ist, daß wir heruntergekommen sind, genauer, daß wir durch das Verlassenwerden im Lächeln einer Frau gestürzt sind, um am Ende einer langen, Jahrzehnte währenden und ermüdenden Irrfahrt beim Lachen einer Frau anzugelangen, die uns diesmal demaskiert und uns dem zurückgegeben hat, was wir von Anfang an waren. Das Wesen der Situation ist unverändert, nur daß wir das Intervall zwischen Anfang und Ende mit einer unglaublichen Unzahl an Mißverständnissen aufgefüllt haben. Und nun sehen wir unser ganzes Leben, als ob es ein riesiges Mißverständnis gewesen wäre, ausgenommen den Anfang und das Ende, die von der grausamen Verführung eines

Lächelns beziehungsweise von der augenblicklichen und grausamen Demaskierung durchs Lachen einer Frau gekennzeichnet wurden.

Jetzt erinnere ich mich an die Bilder meines Vaters, denke an die brutale, ölige Masse der Farben, die meine Kindheit bewegt haben; ich erinnere mich auch seines Atems, der über meinen Nacken und den Nacken meiner Mutter strich und dieselbe Lebensverzweiflung hervorrief (um nicht zu sagen: verlangte) um später, als ich völlig allein geblieben war, mich daran zu erinnern, daß die Erfahrung Schmerz ist und das Leben dazu da ist, zu verletzen. Die Ölbilder meines Vaters und sein heißer Atem auf unseren Nacken, auf dem Nacken meiner Mutter und dem meinen, waren der Ursprung all meines Unvermögens, des Umstands, daß ich nicht vermochte, daß ich nicht vermocht habe und nie vermögen würde, daß ich nichts vermochte und nichts vermögen würde, weil die Existenz, die durch die Bilder hindurchlief und der heiße Atem meines Vaters mich einfach in das Schicksal des Unvermögens als solches eingeführt haben, des Unvermögens, das sich verströmt und sich erklärt als einfaches und direktes Unvermögen, das von der Grausamkeit der Sinneseindrücke herstammt. Wenn ich Gefühle habe, wenn ich all die Gefühle habe, die ich tatsächlich habe, so kommen diese Gefühle aus dieser ursprünglichen Vergangenheit des Unvermögens und der Lebenskrankheit, die meinem Denken vorausging, die mein Vorgeistiges ist und gegenüber dem das, was ich seit damals angefangen habe zu denken, nur ein blasser Reflex ist. Ich bin in eine Gedankensphäre eingedrungen, zu der mein Kindesverstand noch keinen Zutritt hatte, ich bin dort gewesen, wo es schwierig ist, sich als dort gewesen zu sein vorzustellen, *ich war, wo ich nie gedacht habe, und genau von diesem Ort kommt mein Denken*; das heißt, die Grundtatsache meines Lebens ist, daß mein Denken genau von dort hervorging, wo ich vor dem Denken gewesen bin, *genau in dem Ort, an dem ich nicht dachte, wo ich aber das Denken sah*. Ich habe das Denken an mir vorbeifließen sehen wie das Wasser eines Flusses. Das Prinzip meiner Kindheit war schauen, ohne zu denken, weil es eben das Denken war, das es zu sehen gab. Ich habe den Geist meines Vaters gesehen; ich habe, noch vor dem Denken, die Situationen gesehen, die mein Vater gedacht hat, die meine Mutter gedacht hat, die meine Brüder gedacht haben; sie dachten sie, *ich sah sie*, während sie diese Situationen dachten. Dies wird der Grund sein, weshalb ich nie auf eine reale Situation gestoßen bin, daß ich nicht weiß, was das Leben ist, und daß ich sehe, ohne zu denken, daß ich *sehe, aber ohne Realität*. Mein Vater hat mir *ohne weitere Umstände* seine Bilder gezeigt, die für mich als Kind eine monströse Ansammlung von öligen Farben waren, mein Vater hat mir *ohne weitere Umstände* seinen heißen Atem auf den Nacken geblasen, so wie er ihn auf den Nacken meiner Mutter blies, von der ich immer annahm, daß sie sich mit Lippenstift schminkte, um dann den heißen Atem meines Vaters auf dem Nacken zu empfangen; wo aber wird diese Geschichte enden, frage ich mich manches Mal, wenn nicht in der Unruhe dieser Farben und dieses Atems, *von mir ohne weiteres gesehen und wahrgenommen, nicht gedacht, sondern gesehen und wahrgenommen als Objekte eines künftigen Denkens*, das dann keine mögliche Alternative unter anderen war, sondern mein einziges Denken. Die Ölmalerei meines Vaters war plötzlich heiß und schwer; so wie sein Atem hat sie den Geheimnissen des Sexuallebens vor meinen Augen, die nicht wußten, wohin sie blicken sollten, ein Zeichen gesetzt, und ich schlug mit dem Kopf an, ohne zu wissen wo; der heiße Atem meines Vaters auf meinem Nacken war auch plötzlich schwer, ich dachte, er gehöre eigentlich auf den Nacken meiner Mutter, die sich die Lippen geschminkt hatte; so hatte ich verwirrt gemutmaßt, weil wenn sich eine Frau die Lippen schminkt, so empfängt sie heißen Atem auf ihrem Nacken, so hatte ich gedacht, wie ich mich entsinne. Diese Gedanken, die ich unter anderen *gesehen* statt *gedacht* habe, diese Gedanken haben meine Kindheit getötet; aufgrund der Bilder meines Vaters und seines Atems, der von meinem Nacken auf den meiner Mutter überging, und von dort wer weiß wohin; auf dem Nacken meiner Mutter, wo sich alle Spuren verloren, ist meine Kindheit tot zurückgeblieben. So, als ob ich tot geboren worden wäre oder als ob ich überhaupt nicht geboren worden wäre.

Die Bilder meines Vaters, die ich gesehen habe, diese Gedanken, die tatsächlich die Bilder-Gedanken sind, die von meinem Vater gemalt wurden, die ich deshalb gesehen habe, statt sie zu denken, sind meine getötete Kindheit. Diese Gedanken, die ich gesehen habe und die ich in den Bildern meines Vaters gesehen habe, und die zu Bilder-Gedanken meiner getöteten Kindheit geworden sind, repräsentieren auch die blühenden Zeichen einer Ausgelassenheit, mit der mein Vater unsere Familie mit dem Zynismus eines Kindes in seiner Malerei identifiziert hat; diese Bilder-Gedanken, die darauf warten, von einem Kind gesehen zu werden, um dann in das Schicksal dieses Kindes einzutreten, waren die Bilder meiner getöteten Kindheit; eines Kindes, das sich sofort für tot hielt, was die Voraussetzung seiner Unvollkommenheit war, all seiner Unvollkommenheiten, die ihm nach und nach zugerechnet wurden, auch als es schon erwachsen war. Die Unvollkommenheit dieses Kind-Erwachsenen geht auf die getötete Kindheit dieses Kindes zurück, getötet durch scheinbar blühende Anzeichen eines Familienfestes, das von meinem Vater mittels seiner Malerei direkt identifiziert wurde, was in Wirklichkeit die Art und Weise war, in der sich das Leben dem Kind mitteilte, wie eine Eingravierung von Leiden. Indem mein Vater mein Leben, unser Leben, das Leben aller durch seine Malerei identifizierte, die ein Fest der Farben zu sein schien, voll »intensiver Farbgebung«, wie die Kunstkritiker über seine Bilder schrieben, gab er mir Gedanken zu sehen, statt zu denken, er gab mir *Signale der Verführung in ihrem Komplizentum mit einem Grundübel*, mit dem Grundübel, das alle Sinneseindrücke mit sich brachte, sofern alle Sinneseindrücke Eindrücke des Grundübels einer archaischen und bestürzenden Verführung waren, einer Verführung, die das Leben vor einem Kind durchkreuzt, welches Gedanken sieht und nicht Gedanken denkt und am Ende überwältigt ist vom Eindruck der Verführung; und das ist all seine Einführung in den Schmerz, aus dem das Kind als zum Leiden bestimmt hervorgehen wird. In Wirklichkeit, so habe ich gedacht, wie ich mich erinnere, hat mein Vater zahlreiche Porträts von mir als Kind gemalt, in denen er ein

Kind malte, das in das Leiden eingeführt wurde und zum Leiden bestimmt wurde, in perfekter Übereinstimmung mit dem Titel des Bildes, der »Kind, das zum Leiden bestimmt ist« hieß. Ich wurde gemalt als »Kind, das zum Leiden bestimmt ist«, wie der Titel des Bildes lautete, welches mich porträtierte; aber während mein Vater mich als zum Leiden bestimmtes Kind porträtierte, führte er mich, ohne es zu wissen, in das Schicksal des Leidens ein, denn so geschieht es mit Kindern, daß der Anschein das Vorzeichen der Realität ist, der sie nach und nach übergeben werden. Und natürlich gelang es meinem Vater, mich dem Schmerz zu übergeben, weil es ihm nicht bewußt war, und es wäre ihm wahrscheinlich nicht geglückt, mich dem Leiden auszuliefern, wenn es ihm bewußt gewesen wäre, als ob auf diese Weise gezeigt würde, daß das größte Leiden immer der Schmerz bleibt, den das Leben und die Menschen ahnungslos austeilen, sich den Anschein gebend, als ob sie mit vollen Händen Freuden verteilten. In den Porträts, die mein Vater von mir gemacht hatte, fiel die Freude, die er malen wollte, auf die Kruste meiner inneren Verletzung, die mir die Augen aufriß, die meine Augen fratzenhaft vergrößerten, die mich seitdem die Augen immer fratzenhaft aufreißen ließ; seitdem ich die Augen fratzenhaft aufriß, hat die Realität, jede mögliche Realität, keine Grenzen mehr gehabt, hat keine bestimmte Situation ausgereicht oder mich befriedigen können, und seitdem dauert meine Unzufriedenheit an; seitdem ein Kind, ohne zu wissen wie, in die Überschreitung der Grenzen jeder Zufriedenheit eingeführt wurde und sich infolgedessen auf ein Gewirr von beunruhigenden Zeichen und archaischer und unglücklicher Sehnsüchte eingelassen hat.

Der Text der Zeit sagt mir, daß ich nicht einmal jetzt anhalten darf, nicht einmal an diesem Punkt, daß in Wirklichkeit die einflußreichsten Symbole unserer Existenz nicht die gleichen bleiben, weil die Symbole, sofern sie Einfluß auf unsere Existenz haben, nicht dieselben und nicht stabil bleiben, und sie sind nicht dazu da, um beschrieben zu werden; wir haben eine abstrakte und zerstreute Wahrnehmung von ihnen, und wir glauben, sie zu beschreiben; wir hingegen kommen im Kreislauf der Umwandlung vor, den die Symbole und wir mit ihnen vollziehen, und deshalb sind wir immer von uns losgerissen, und dies ist all die Qual unseres Lebens, weil ein Kind, das von der öligen Masse der Farben der Bilder seines Vaters verletzt wurde, die es mehr wahrgenommen als angeschaut hat, mehr gerochen als gesehen, am Ende mehr gequält als befragt, das die Realität in den Farbklumpen der Bilder seines Vaters verzerrt und zerstört sah, ein Schicksal hat, das übersät ist von Sprüngen, Lücken, Löchern und Abgründen, in die es ständig zu stürzen droht. An der öligen Masse der bunten Farben auf der Leinwand der Bilder meines Vaters vorbeigehend, habe ich das Gefühl für die eindeutige Bezeichnung verloren; oder besser: ich habe die Sicherheit der eindeutigen Bezeichnung nie gelernt, die den Platz in einem Diskurs oder einem Text einnehmen wird, der ihr im Text oder Diskurs gebührt, welcher seinerseits der eindeutige Ort ist, der das eindeutige Wort erwartet; weil ich hingegen eher die beunruhigende Zweideutigkeit der Zeichen der Existenz gelernt habe, denen ich von Kind an ausgesetzt war. Mein Leben war, lange bevor ich es selbst leben konnte, von meinem Vater vorgezeichnet; lange bevor ich es leben konnte, war es schon *vorherbestimmt* von den Farbklumpen auf den Bildern meines Vaters; es war ein Zeichen, das ich *gesehen* statt *gedacht* habe; ich habe meine Existenz gesehen bevor ich sie gedacht habe, ich bin dort gewesen, wo mein Geist noch gar keinen Zutritt hatte, und wo im übrigen alle Spiele schon entschieden waren, und von all dem stammt der Umstand einer unklaren Trennungslinie zwischen dem Gerechten und dem Ungerechten, zwischen dem Erlaubten und Unerlaubten, aber auch der weitere Umstand, daß das, was gerecht und erlaubt ist, keine ausreichende Hülle für meinen Geist und meine Existenz ist, und daß deshalb früher oder später das Ungerechte und Unerlaubte als ihre notwendige Vervollständigung erweckt wurde. So war es immer für dieses Kind, das ich gewesen bin, gemalt von seinem Vater, bevor ich denken konnte, für dieses Kind, sage ich, das ich gewesen bin und das zu existieren begann in den Bildern meines Vaters und dann erst für sich; das das Bild seiner Realität durch eine Anzahl von Ölgemälden und Zeichnungen kannte, durch die es seine Existenz annahm. »Ich bin *der*«, sagte ich mir, als ich ein von meinem Vater gemaltes oder gezeichnetes Porträt von mir in seinem Atelier sah, das nach Terpentin stank, oder in den Korridoren im Haus, das ohne Möbel war, aber vollgestellt mit Bildern und Zeichnungen meines Vaters, die über die Länge eines Zimmers hinweg dieselbe Sache zeigten; »ich bin *so*«, sagte ich mir, während ich in *einem von meinem Vater gemalten Bild entstand*. Eltern sind Verrückte, die Kinder hervorbringen, die zum Unglücklichsein bestimmt sind, denke ich heute; mein Bild entstand in den Bildern meines Vaters, und vielleicht bin ich deshalb nie ganz geboren, und vielleicht gilt das gleiche für jeden, *und wir alle sind Kopien eines zu spät kommenden Originals*; wenn wir ein bestimmtes Alter erreicht haben, denke ich heute, werden wir zum Original der Kopien, die wir gewesen sind; wir werden zum Original eines Ersatzzeichens unserer Realität, aber das denke ich nur an diesem Punkt meines Textes der Zeit; wir werden zum Original dessen, was am Anfang eine Spur war, ein Ersatz, ein Faksimile oder ein Supplement. Auch mein Text der Zeit ist das Original einer Schrift, die am Anfang die Ersatzversion eines Seins war, das nicht vollständig geboren war und das dieses Kind war, das ich war, welches ich, und auch alle übrigen, auch jetzt noch irgendwie bin, das sich seine Person sofort in einem Ersatzbildnis seiner Realität vorgestellt hatte, welches schlichtweg nicht existierte, auf dem aber das Bildnis ein Zeichen hinterließ. Ich war nicht ich, ich machte mir als Kind Zeichen in Richtung auf das, was ich war, das ich dann aber doch nicht war, in Richtung auf das, was von mir in Wirklichkeit nicht existierte, sondern nur in einer Ersatzkopie. Auch mein Text der Zeit ist eine Gegenwart, die aus all den Ersatzkopien hervorgeht, die im Laufe langer Jahre auf meine ursprüngliche Realität angespielt haben; meine Existenz ist in Wirklichkeit eine Schichtung einer Serie von Imitationen, Kopien, Substitutionen, welche die Erzählung eines Kindes sind, das nicht vollständig geboren wurde und das vielmehr die Spur und der Schauspieler von sich selbst war; ich wie jeder andere sind höchstens verspätet geboren, im Vergleich zu einem Objekt, das unser Sein begründen würde, das nie existierte und das aus einer Serie von Pseudo-Originalen bestand. Wie die Serie der Ersatzkopien meines Seins, dessen, was ich in Raum und Zeit gewesen bin, lebe auch ich weiter. Wie das Original, das mich hervorgebracht hat, das ich aber nie war, bin ich schon tot. Ich habe meine Todesangst in den Bildern gelesen und aufgenommen, in denen mein Vater mich porträtierte, und dann habe ich schließlich in denen, in denen er mich nicht porträtierte, meine Geschichte gelesen, welche die Geschichte eines Kindes war, das nicht vollständig geboren wurde und das zu sterben begann. Mein Original könnte sagen, daß es *dieser Anfang des Sterbens* war; ich könnte heute hinzufügen, daß mein Leben die Entwicklung der Konsequenzen jener Kunst ist, die mein Vater für Malerei hielt, die aber die Geschichte der Ursprungsdepression war, aus der ich gleichzeitig als geboren und tot hervorging. Ich bin die Konsequenz der Erzählung meines Todes, die in den Bildern meines Vaters dargestellt ist, ich bin ein Faksimile, ich bin nicht geboren, ich bin das Faksimile eines Kindes, das eben erst angesehen wurde und sich infolgedessen so gesehen hat, wie es angeschaut wurde, und von da an hat es begonnen zu sterben. Durch die Macht der Kopien bin ich zu der Ursprungsgegenwart geworden, die ich jetzt bin; *eine mörderische Schichtung von Kopien und Substitutionen hat mir die Kraft und die Wirklichkeit meines ursprünglichen Seins gegeben, das ich allerdings nie gewesen bin und das ich jetzt in diesem Moment erst werde*. Ich bin das Anhängsel meiner Fälschungen; meine ursprüngliche Realität ist die Konsequenz einer Schichtung von Fälschungen und Nachahmungen, die mehrere Jahrzehnte andauert, mit der ich von Anfang an begonnen habe, zu sterben und aufgrund welcher ich nie vollständig geboren worden bin. Aber vielleicht wird niemand jemals vollständig geboren, vielleicht treffen wir uns, weil niemand jemals vollständig geboren wird, und es gelingt uns deshalb, miteinander zu sprechen, ohne allerdings tatsächlich zu kommunizieren; vielleicht gelingt es uns zuweilen zu kommunizieren, auf daß es uns am Ende überhaupt nicht gelinge, zu kommunizieren. *Und nur weil wir kommunizieren und uns verstehen, kommt es, daß wir uns am Ende nicht verstehen.*

Ich bin das Laster meines Ursprungs; mein Vater hat mit dem Zynismus eines Kindes ein Laster und eine Verführung auf seine Leinwand gemalt, und ich bin die Konsequenz dieses Lasters und dieser ursprünglichen Verführung. Es gibt kein Pathos mehr, es gibt nicht einmal mehr Liebe, denn wenn es eine Sache gibt, die weder Liebe noch Pathos besitzt, so ist es die Wirklichkeit selbst. Weder die Liebe, noch das Pathos kommunizieren Gefühle; die Gefühle treffen sich, indem sie die Illusionen eliminieren, mit denen wir den Anspruch auf eine sichere, eindeutige und ursprüngliche Wirklichkeit einwickeln und maskieren; wir empfinden Gefühle nicht für das, was wir sind, sondern für das, was wir auflösen, oder für die Ausschaltung unserer unterstellten ursprünglichen Realität. Wir empfinden Gefühle, wenn wir das Album unserer Fälschungen und Nachahmungen durchblättern, die in *ihrer extremen Konsequenz* dazu beigetragen haben, unsere ursprüngliche Wirklichkeit zu schaffen, und dieses Album ist so groß wie unser Leben. Unser Leben ist ein Album voller Illustrationen, nicht die Konsequenz unseres ursprünglichen Seins. Mein Leben hat mit den Ersatzkopien und den Ergänzungen meines Lebens angefangen, die von meinem Vater gemalt wurden; in Wirklichkeit, denke ich heute, war es nicht mein Vater, der tatsächlich malte, sondern es war vielmehr sein Grundirrtum, sein Grundmangel; es war nicht mein Vater, der die Erfindungen und Nachahmungen meines Seins gemalt hat, denke ich heute in meinem Studierzimmer als Berufstätiger, umgeben von Regalen und Büchern; es war seine Einsamkeit, die sich seiner bediente, um die Porträts von mir zu malen, so daß ich gelernt habe, mich auf dieselbe Weise zu sehen, wie ich von den Bildern angesehen wurde, die mein Vater gemalt hat, *daß ich in dem Maße gesehen habe, wie sie mich wahrgenommen haben*, bis zu dem Punkt, wo ich nicht sagen könnte, ob es die Bilder meines Vaters waren, die mich zeigten, die mich intensiver angesehen haben, als ich in der Lage war, sie zu sehen. Gewiß ist der entscheidende Unterschied dabei, daß ich die Bilder meines Vaters *angeschaut habe*, während die Bilder meines Vaters mich *gesehen haben*, und von diesem Ungleichgewicht zwischen dem *Gesehenwerden* und *meinem Anschauen* hängt mit Sicherheit mein Schicksal ab. Ich kann nicht sagen, daß ich sie intensiver *angeschaut habe*, als mich die Bilder meines Vaters *gesehen haben*, denn alles hängt von dem komplexen Umstand ab, *daß die Bilder meines Vaters anzusehen bedeutet, von den Bildern meines Vaters gesehen zu werden*. Nicht damals, erinnere ich mich, jetzt frage ich mich: habe ich angeschaut, oder bin ich gesehen worden? Vielleicht war Anschauen in Wirklichkeit Gesehenwerden, und das heißt: mein Anschauen dessen, was ich war, wie ich es als Kind im Gedächtnis behalten habe, das sich mit dem Bild identifiziert, das ihm angeboten wird, war in Wirklichkeit das *Gesehenwerden von meiner Nachahmung, von meiner Kopie*; am Ende projizierte ich mein wirkliches Sein oder das, was ich dafür hielt, in die Kopie, die meine ursprüngliche Wirklichkeit ersetzte und ergänzte.

Am Ende habe ich meine Wirklichkeit mit der Kopie identifiziert, die mein Vater gemalt hatte und die meine Kopie war, mein Zusatz zur Realität, die deswegen nicht mehr meine Wirklichkeit war, die es noch nicht gab, weil, so habe ich gelernt, meine Realität eine Folge der Kopien war, die von meinem Gesicht gemalt oder gezeichnet wurden; mein Gesicht hat sich in einer Anzahl von Kopien verloren, die in der Folge zur Konsequenz hatten, das Original hervorzubringen, aber ein Original, das nur die Wirkung der Kopien ist, die ihm vorausgingen. Das zu sagen ist einfach, es zu lesen ist einfach, *aber die Erkenntnis, daß das Original die Konsequenz der Kopien und der Simulationen sein soll, ist schmerzhaft*. Dieser Schmerz, welcher der allergrößte ist, besteht in der Entdeckung, daß die Kopien, die Nachahmungen, die Ergänzungen und die Simulationen eine hinterlistige Beziehung zu dem unterhalten, was wir sind, was wieder eine Konsequenz der Kopien, der Nachahmungen, der Ergänzungen und der Simulationen ist, die wir sind. Wir büßen den Schmerz unserer Simulationen, Nachahmungen und Ergänzungen, indem wir entdecken, daß unsere ursprüngliche Realität nur unter der Klausel und dem Vorbehalt der inneren Differenz existiert, die wir sind und die nicht die Differenz zwischen dem Authentischen und dem Original ist, sondern die Differenz, die gleichermaßen das Ertasten unseres Seins ist. Wir ertasten unser Sein und verifizieren nicht eine ursprüngliche authentische Wirklichkeit unseres Seins, sondern durchlaufen nochmals die Reihe unserer Simulationen. Wir durchqueren das Album unserer Simulationen und Nachahmungen wie Gläubige, ohne dadurch Gläubige zu sein, und am Ende *entdecken wir unseren Ursprung, der nicht repräsentierbar ist, der sich aber als unser gewaltiges und unvermeidliches Leben zeigt*. Wir sind das unvermeidliche Resultat unserer Simulationen; wir sind die Konsequenz, die sich als unvermeidlicher Effekt unserer Kopien, Fälschungen und Nachahmungen eines Seins offenbart, das zwar nie existiert hat, das aber am Ende am Horizont all unserer Erscheinungen durchschien, so als ob wir immer schon, und nicht erst seit jetzt, Schauspieler im Theater unserer Existenz gewesen wären.

Das Theater der Existenz

Der Sohn, der dir
Widerstand entgegengesetzt hat,
wird Dich retten.

Die Inszenierung der Wahrheit

Sich herausbringen, in die eigene Inszenierung eintreten, heißt, aus sich herausgehen. Aus sich herauszugehen, sich in einer Szene herauszuheben, die schließlich enthüllt wird, ist die größte Sehnsucht der Menschen, das ist die Wahrheit. Denn die Wahrheit gibt es nicht, es sei denn, sie wird geschrieben; die Wahrheit gibt es nicht, es sei denn, man führt sie auf. Die Wahrheit gibt es nicht, es sei denn, sie wird in Musik gesetzt; die Wahrheit gibt es nicht, es sei denn, man malt sie; die Wahrheit gibt es nicht, weil man die Wahrheit sagt, wenn man eine gute Imitation vollbringt. Eine gute Imitation ist wahrer als eine gute akademische Vorlesung. Die größte Leidenschaft der Menschen ist die, sich herauszuheben *und in die eigene Inszenierung einzutreten*. Unbeachtet der Tatsache, daß die Wahrheit in der Kunst ansässig ist oder in der Poesie oder daß die Künste und die Literatur die von der Wahrheit bevorzugten Orte sind, müssen wir gleichwohl den Umstand anerkennen, daß die größte Leidenschaft der Menschen darin besteht, sich herauszuheben, sich zu inszenieren, endlich die eigene Inszenierung zu finden, und wir müssen anerkennen, daß diese Leidenschaft, die eine existentielle Leidenschaft ist, eine Leidenschaft ist, die sie zu den Künsten treibt, zur Musik, zum Film, was, unabhängig von ihrer dummen Idealisierung und Sublimierung, Wege sind, *sich herauszuheben*, sich in einer Szene zu verbreiten. Die Menschen tun dies alles nicht um der Suche nach der Wahrheit willen, nicht wegen der Wahrheit bereiten die Menschen sich auf ihre Inszenierung vor, um zu Schauspielern ihrer eigenen Existenz zu werden, *und trotzdem haben sie in dem Moment, in dem sie in ihre Inszenierung eintreten, das Gefühl, in ihrer Wahrheit zu sein*; als Schauspieler, die aus der Person, die sie vorher waren, herausgetreten sind, drücken sie jetzt ihre Wahrheit aus, auch wenn es nicht das Bedürfnis nach Wahrheit war, das sie in Schauspieler verwandelt hat. Vielmehr haben sie sich selbst in ihre eigenen Darsteller verwandelt, in die Darsteller ihres Lebens, um dem Problem der Wahrheit zu entgehen, das zur Besessenheit ihres inneren Lebens geworden war; und nun als Schauspieler und Künstler ihres eigenen Lebens drücken sie ihre Wahrheit in ihrer Existenz aus.

Diese Wahrheit bedeutet, daß die Menschen durch die Inszenierung ihrer selbst ihre Rettung erreichen; sie können sich nur retten, weil sie an einem bestimmten Punkt aus dem Ich austreten, das eine Fälschung ihres Lebens war, sie treten aus dem Ich aus, das eine Nachahmung ihrer Realität war, und sie werden zu Schauspielern; sie werden zu Schauspielern, weil sie durch die Simulation das erfinden müssen, was sie im tiefsten Inneren zu sein verspüren, etwas, das zwar schon da ist, das aber noch nicht existiert, das ihre Rettung ist, und so wie es ihre Rettung ist, ist es auch ihre Wahrheit.

»Papa, ich werfe alles hin«, hatte mir mein jüngerer Sohn M. in einem entscheidenden Augenblick seiner Existenz gesagt. Der andere Sohn, der älter ist, ist etabliert und schon berufstätig. Er ist schon auf eigene Faust und in seiner eigenen Art das geworden, was ich, unerhörte Schwierigkeiten überwindend, auf meine Art mühsam über Jahrzehnte hinweg geworden bin; er und ich ähneln uns nicht, aber manchmal zählen wir die Versuche und die unerhörten Schwierigkeiten auf, durch die hindurch wir zu dem geworden sind, was wir sind, jeder auf seine Art.

»Papa, ich werfe alles hin«, hatte mir mein jüngerer Sohn in einem entscheidenden Moment seines Lebens gesagt, als er sechzehn Jahre alt war und das Gymnasium verlassen wollte, um zum Theater zu gehen. Das Theater war für ihn das Theater, das heißt, er nahm das Theater als Ganzes; das Theater war für ihn eine *philosophische Entscheidung* in dem Sinne, daß er, während er die Worte aussprach »Papa, ich werfe alles hin«, nicht an den Monolog Shakespeares in der fünften Szene des dritten Akts von *König Lear* dachte, er hatte nicht an *diese* oder *jene* Figur gedacht, sondern in einem Schwindelanfall an das Theater gedacht, wo der Monolog von Shakespeare nicht wichtiger war als die Kabel, die den elektrischen Strom zu den Scheinwerfern transportieren, nicht wichtiger als der Geruch des Bühnenvorhangs oder als der Theatergraben. Denn man sollte sich nicht vorstellen, daß ein Junge den Theatergraben ansieht und dann vor sich hinmurmelt: »Ich werfe alles hin«. Man muß die Tatsache anerkennen, daß es die Philosophie seit einiger Zeit nicht mehr in den Büchern der Philosophie gibt, sondern in den *plötzlichen Erleuchtungen*, die in den Köpfen von Personen in den entscheidenden Augenblikken ihrer Existenz aufblitzen. Vielleicht ist uns nur die Philosophie dieser Momente geblieben, in denen jemand in schwindelerregender Weise seine Existenz rekapituliert, wie es mein Sohn getan haben muß, als er den Satz aussprach: »Papa, ich werfe alles hin«. Mir ist nur die Philosophie dieser plötzlichen Erleuchtungen geblieben und ohne sie hätte ich nichts Philosophisches mehr zu berichten. Mir sind Kleinstphilosophien geblieben, von denen ich berichten kann. »Papa, ich werfe alles hin«; die Schule zu verlassen, um zum Theater zu gehen, ist die wichtigste Sache, die ein Sohn dir sagen kann, unabhängig von den Sorgen danach, wie er es schaffen wird, zu essen zu haben und ein Dach über den Kopf zu bekommen, »ich werfe alles hin« hat er gesagt, erinnere ich mich, und dann habe ich an meinen heranwachsenden Vater in Pisa gedacht; mir war davon erzählt worden, daß eines Tages bei Tisch, er war sechzehn Jahre alt, und alle Verwandten um ihn herum bestanden darauf, daß er Buchhaltung in einer sogenannten »Handelsschule«, wie man sie damals nannte, lernen sollte, er das Tischtuch mitsamt der Gläser und Teller herunterriß und schrie, daß er Maler werden wolle. Nur weil mein Sohn mir diesen Satz gesagt und die unregelmäßige und unsichere Existenz als Schauspieler gewählt hat, habe ich seither wieder begonnen, an meinen Vater zu denken. Vielleicht wäre es mir ohne die Entscheidung meines Sohnes nie geglückt, an die Anarchie meines Vaters zu denken. Man sagt, daß man sich innerhalb einer Familie nie versteht; die Familie ist als das Zentrum der Kommunikationsstörungen erkannt worden, und das stimmt natürlich, soweit es den benennenden, expliziten und gemeinsamen Wortschatz jeder Familie betrifft. Aber soweit es um den impliziten, stummen und geheimen Wortschatz geht, gilt etwas anderes. Im impliziten Wortschatz, der zwischen den Familienmitgliedern zur Anwendung kommt, gelingt die Kommunikation, die letztlich entscheidend ist, in unglaublich effizienter Weise, die an ein Wunder grenzte, wäre da nicht die Jämmerlichkeit, Kleinlichkeit und Banalität der Botschaften, die da zumeist ausgetauscht werden. Anders als im expliziten Sprachverhalten, wo die Frage der Antwort vorausgeht und deren Sinn im voraus steuert, sind es im impliziten Sprachverhalten die Antworten, die den Fragen vorausgehen, sie hervorrufen und dem, was wir uns nach und nach fragen können, den Sinn vermitteln. Im impliziten Sprachverhalten der Familienmitglieder verpaßt die Kommunikation keine Gelegenheit, daher ist die Kommunikation entscheidend, die das vorwegnimmt, was jeder von uns danach in expliziter Weise fragen kann. Aber dann, wenn wir fragen, sind die Würfel schon gefallen, wenn wir fragen, haben wir schon den Höhepunkt unserer maximalen Schwäche erreicht. Im impliziten Sprachgebrauch, der innerhalb einer Familie zirkuliert, ist alles schon entschieden, bevor auch nur ein Gedanke oder eine Frage formuliert werden. Im Gegenteil, die Gedanken und Fragen sind die Konsequenz von etwas, das schon entschieden wurde und das uns jetzt überrascht; wir fragen und denken untereinander als Familienmitglieder, wir formulieren Gedanken und Fragen mit lauter Stimme, weil wir jedes Mal überrascht sind, daß etwas schon immer durch das implizite Sprachverhalten unserer Familie entschieden wurde. Und aus diesem Grund verstehen sich die Mitglieder einer Familie normalerweise nicht; aus diesem Grund entstehen die tragikomischen Szenen, die peinlichen Szenen des Familienstreits, weil das explizite Sprachverhalten, in dem man spricht, fragt, antwortet, schreit, mit dem impliziten Sprachverhalten inkommensurabel ist, das heißt mit dem unausgesprochenen Bodensatz von Gedanken und existentiellen Entscheidungen eines jeden von uns. Die Fragen, die nicht abschließbaren Diskussionen, die peinlichen Streitfälle in den Familien sind grundsätzlich *Ausdruck der Ohnmacht der Familie*. Der Familie gelingt es nicht, mit dem expliziten Sprachverhalten ihrer Konversationen, Diskussionen und Streitereien, den stillschweigenden, unterdrückten Bodensatz an Entscheidungen und Haltungen zu kontrollieren, die jedes Mitglied der Familie vornimmt, unwiderstehliche Entscheidungen und Haltungen, denen man nicht befehlen kann, so wenig man Milz oder Pankreas befehlen kann. Während wir ein Leben lang gesprochen, gefragt, geantwortet, empfohlen, erklärt, diskutiert und gestritten haben, hat sich auf bestimmten Grundlagen eine andere, unterirdische Geschichte abgelagert, wie die Form einer Nase oder die Farbe der Augen; auf bestimmten und unwiderstehlichen Grundlagen hat sich ein Bodensatz an Haltungen und Entscheidungen gebildet, die die größte Überraschung unseres Lebens sind, und dort gibt es keinen Irrtum, keine Schuld und kein Mißverständnis, sondern dort hat jede Sache nur ihre eigene Kraft; jede Idee, Haltung und Gedanke haben sich auf absolute Weise herausgebildet, so wie eine intransitive Entscheidung. Im Zusammenprall mit diesen Situationen im impliziten Sprachgebrauch bleibt die Familie ohnmächtig, und die Gegensätze, Streitfälle, Schreie, die das Leben begleiten, sind der Ausdruck der großen Depression, an der die Familie jedesmal leidet, wenn sie sich einer geheimen und allmächtigen Geschichte gegenübersieht, von der sie nicht die mindeste Ahnung hat. Und auch dies ist die Wirklichkeit, der wir gegenüberstehen und die nie aufgehört hat, uns zu fixieren, dies ist die ungeteilte Wirklichkeit außerhalb der Worthüllen, die immer den *Schattenkegel unseres Lebens* gebildet haben, wo man schaut und nicht spricht, wo die Intelligenz keine intellektuelle Erscheinung ist, sondern selbst zu einem Empfindungsvermögen wird, lediglich zu einem schärferen, wo unser Blick eintaucht und man schon weiß, was man doch noch nicht sehen kann, wo man, ohne je zu sehen, das Sehen vorausahnt.

Als mein Sohn mir gesagt hatte, daß er das Gymnasium verlassen würde, um zum Theater zu gehen, war die erste Sache, die mir in den Sinn kam, das öde Bild meiner Schreibtischlampe, an der ich ein Leben lang von morgens bis abends gearbeitet hatte, etwa dreißig Jahre lang, mich den unerhörten Schwierigkeiten stellend, welche diejenigen überwinden müssen, die etwa dreißig Jahre studiert haben. »Es muß diese Lampe gewesen sein«, so erinnere ich mich heute, habe ich mir damals gesagt; er, mein Sohn, hat diese Lampe zu oft brennen sehen, hat zu oft diese Lampe leuchten sehen; ja, »zu oft« ist ein viel zu schwacher Ausdruck, weil mein Sohn in Wirklichkeit diese Lampe *immer* leuchten sah. Das Licht meiner Lampe im Arbeitszimmer hat das Schicksal meines Sohnes bestimmt, dachte ich; vielleicht, so habe ich mir dann gesagt, hatten mein Sohn und ich vieles gemeinsam, und es war das Licht dieser Lampe auf meinem Schreibtisch, an dem ich dreißig Jahre lang Tag und Nacht gearbeitet habe, die mein Sohn ununterbrochen sah, von der Zeit an, als er noch nicht laufen konnte bis heute, die sein Schicksal bestimmt hat. Meinem Sohn ist es nie gelungen, ein Buch ganz zu lesen, ich dagegen habe immer Bücher gelesen, allerdings bin ich überhaupt nicht sicher, ob ich die richtige Natur zum Bücherlesen habe. Wenn ich sage, daß es meinem Sohn nie gelungen ist, ein Buch zu lesen, so will ich damit nicht sagen, daß er wenige gelesen hat, ich möchte vielmehr sagen, daß mein Sohn niemals auch nur ein Buch gelesen hat. Ich habe, wie man zu sagen pflegt, meinen Sohn nie über ein Buch gebeugt gesehen, ich habe meinen Sohn nicht einmal mit einem Buch unter dem Arm im Haus gesehen, oder die Treppen hinab oder hinaus auf die Straße gehen sehen; ich habe meinen Sohn nicht einmal gesehen, wie er ein Buch aus einem Regal herauszog. Nichtsdestoweniger hat er sich selbst geschaffen, und jetzt ist *er er geworden*. Ich habe ihm durch meine Lampe, die nur mit meinem Tode verlöschen wird, fortgesetzt Schuldgefühle verursacht, während ich ihn, durch seine Anwesenheit fasziniert, beruhigte oder ermutigte, denn jedesmal, wenn mein Sohn durch die Korridore des Hauses ging

– er ging immer schnellen Schrittes durch die Korridore des Hauses, und wenn er eines Tages nicht schnellen Schrittes durch die Korridore des Hauses gehen würde, würde ich bezweifeln, daß er es ist – jedesmal hat mein Sohn in mir die besten Gefühle des Lebens erweckt. Mein Sohn hat mir nie erlaubt, lange mit ihm zu reden, er weiß von Anfang an, wann meine Rede lang wird, und folglich unterbricht er sie sofort oder geht einfach; er hat nicht das Bedürfnis und übrigens auch nicht die Geduld abzuwarten, bis ich aufgehört habe, zu ihm zu sprechen. Ich weiß nicht genau, warum, aber ich habe immer versucht, lange Ansprachen an meinen Sohn zu richten, und doch würde es mir leid tun, wenn mein Sohn sie anzuhören akzeptiert hätte, weil er in diesem Fall *nicht mehr er selbst gewesen wäre*. Die Wirklichkeit ist, daß es mir nicht gelingt, ihn für längere Zeit in einer Unterhaltung festzuhalten, ebenso wie mein Sohn sich vermutlich nicht mit sich selbst im gleichen Vokabular aufhalten darf, das ich mit ihm benutzen würde, weil mein Sohn es nicht erduldet, eine Definition verpaßt zu bekommen. Wenn er von jemand anderem eine Definition verpaßt bekäme, *wäre er nicht mehr er*; für meinen Sohn würde eine Definition von sich seine Auslöschung bedeuten. Deshalb zieht es mein Sohn vor, jede beliebige Arbeit auszuüben, auch die erniedrigendste, aber er will sich keinem irgendwie gearteten Test und keiner Prüfung unterziehen, weil er im ersten Fall er selbst bleibt, im zweiten Fall aber nicht mehr er selbst wäre. In Wahrheit wäre es nicht richtig zu schreiben »er wäre nicht mehr er selbst«, weil im Ausdruck »er selbst« schon eine Definition eingeschlossen ist, die er ablehnt, während der Ausdruck »er« die Fremdheit anzeigt, die mein Sohn sich selbst gegenüber hat.

Die Kunst und das Theater, die elektrischen Kabel der Scheinwerfer, die Monologe von Shakespeare und von Pinget sind das Theater, wie wir alle es kennen, und dann sind sie auch *ein anderes Theater*, das Theater, in dem er er ist, das zweite Theater, wo mein Sohn seine Unermeßlichleit verwirklicht, wo er schon existiert, und wo er sich keiner Prüfung unterwerfen muß, um zu wissen, wer er ist, von dem Moment an, da er das Theater ausgewählt hat, um *er* und nicht *er selbst* zu werden. Mein Sohn führt eine Selbstinszenierung durch und eine Inszenierung seiner Sorge, sich so zu bewahren, wie er ist, wenn er am Wochenende als Kellner in einem Restaurant arbeitet. Die Wahrheit ist, daß mein Sohn meine Studien völlig relativiert hat. Mein Sohn hat meine wissenschaftliche Forschung relativiert, er hat meine Bücher relativiert, denn jedes Argument, das ich zur Verteidigung der wissenschaftlichen Forschung als dem höchsten Ziel, dem ein Mensch sein Leben opfern könnte, aufstellen würde, falls ich etwas derartiges sagen wollte oder tatsächlich sagen würde, so wäre mein Sohn vor, und der einfache Umstand, daß er da ist, relativiert und schwächt durch seine Anwesenheit mein Argument ab. Mein Sohn geht nicht in sich, er bleibt *er* auch für sich selbst, und von da an habe ich begonnen, aus mir herauszugehen, was in Wirklichkeit darauf hinauslief, auf andere Weise in mich zu gehen. Ich bin aus mir herausgegangen, um erneut in mich zu gehen mit einer Strategie von außen. Ich kann aber nicht mehr hoffen, das zu bleiben, was er für sich jedoch ist, ein *er* auch für mich; ich bin ein für alle Mal und für immer eine Person, die sie selbst ist, die sich selbst kennt und die deshalb auf unabänderliche Weise geschwächt ist, so wie jedes Original, so wie jedes authentische Element; und wenn ich aus mir herausgehe, so nicht, um das zu werden, was er, mein Sohn, für sich ist, sondern um meinen Aberglauben zu überwinden und abzuschütteln, und um immer ich selbst zu bleiben; am Ende werde ich nicht weniger geschwächt sein. Übrigens gelingt es mir nicht, die Gedanken meines Sohnes von meinen Gedanken klar zu unterscheiden, und die Wahrheit ist, daß diese beiden Gedankengebäude in ihrer kosmischen Entfernung in Wirklichkeit unentwirrbar miteinander verwoben sind. Mein Sohn ist um so mehr er, je mehr ich meines Selbstbewußtseins entleert bin; während mein Sohn mit mir spricht, steht es völlig in seinem Belieben, die Worte zu setzen, in mir blühen die schönsten Märchen des Lebens, die man sich vorstellen kann, an die mich mein Vater glauben ließ *und die die Zeit meines Wartens ausmachen*. Ich denke, während mein Sohn spricht, solange er bereit ist zu sprechen, denn ich denke an den Moment, in dem mein Sohn sich entschließt, aufzuhören und fortzugehen, von Anfang an denke ich daran, daß mein Sohn jetzt gleich aufhören will, er, der mir doch, ohne es zu wissen, meine Märchen wiedergibt, die ich ihm als Kind erzählt habe, und darüber hinaus die, die ich ihm nicht erzählt habe. Aber die Wahrheit ist, daß ich nur wenig von dem aufnehme, was mir mein Sohn erzählt, wenn er mit mir spricht, denn für die ganze Dauer der Konversation bin ich beständig abgelenkt durch den Gedanken an den Moment, in dem mein Sohn aufhören wird zu erzählen und fortgehen wird. Wenn er mit mir spricht, bin ich in Wirklichkeit jedesmal teilweise abgelenkt vom Gedanken, daß ich fürchte, daß mein Sohn aufhört, mit mir zu sprechen. Und auch deshalb fühle ich mich ihm gegenüber schuldig, ihm nicht mit gebührender Aufmerksamkeit gefolgt zu sein, nicht auf die Antwort vorbereitet zu sein aufgrund der Zerstreutheit, die durch meine persönliche Besorgnis hervorgerufen wird, daß mein Sohn aufhören könnte, mit mir zu sprechen. Darüber hinaus besorgt mich, daß meine Angst, mein Sohn könnte aufhören, mit mir zu sprechen, vorbeiginge, was nur dazu führen würde, daß mein Sohn aufhören würde, mit mir zu sprechen und fortgehen würde; und nicht nur in dieser Lage, sondern auch in Zukunft, läßt meine Angst, daß er aufhören könnte, mit mir zu sprechen, mich daran denken, daß mein Sohn *für immer aufhören* könnte, mit mir zu sprechen.

Wir sind, wozu uns unsere Geschichte gemacht hat, denke ich jedesmal. Ich denke, daß ich dieselbe Angst und dieselbe Bewunderung für meinen Sohn habe, die ich als Kind für meinen Vater hatte. Für beide empfand ich Angst und Bewunderung, und manches Mal denke ich, daß ich ein einfacher Durchgangspunkt zwischen beiden bin, ein Durchgangspunkt ihres Ferngesprächs, aber ich denke auch, daß ich das große Verdienst habe, der einfache Durchgangspunkt ihrer Kommunikation zu sein, daß ich im Gegenteil dieses enorme Verdienst aufgrund des Umstands habe, *daß mein Vater und mein Sohn sich von zwei Seiten über mir zeigen*. Ich bin nur dann glücklich, das ist die Wahrheit, wenn mein Sohn, während er mit mir spricht, eine Szene einrichtet, in der an einem gewissen Punkt auch mein Vater vorkommt, *und dies weiß nur ich*. Während mein Sohn spricht, glaube ich, die Unermeßlichkeit dieses Denkens zu sein, das meinen Vater und meinen Sohn gegenüberstellt. Wenn mein Sohn manchmal so mit mir spricht, wie er bisweilen mit mir sprechen kann, dann erwacht in mir die Idee meines Vaters, der seit vierzig Jahren tot ist, gestorben, als ich noch ein Kind war; es ist nicht so, daß ich ihn mir vorstelle, sondern ich bemerke ihn, als ob er die Luft unserer Konversation wäre, ich sehe ihn vorbeigehen, so wie man das Wasser eines Flusses fließen sieht. Ich habe nichts zu sagen, was meinen Sohn interessieren könnte, weder über seine Vergangenheit, noch über seine Gegenwart; und so entwerfe ich Projekte für ihn, die nur ihn betreffen und die natürlich gute Projekte sind, es sind *die allerbesten Projekte*, die ich mir ausdenken kann, ich hätte nämlich keine Lust, sie kundzutun, wenn es nicht die allerbesten Projekte wären, die ich mir ausdenken konnte; ich hätte sie mir nicht einmal ausdenken können, wenn es nicht die schwindelerregendsten Projekte wären, die man sich ausdenken kann. Aber die Wahrheit ist, daß, während ich von der Zukunft spreche, dies in Wirklichkeit eine Szene der Vergangenheit ist, in der auch mein Vater vorkommt, den ich verherrliche; dank der Anwesenheit meines Sohnes, der in jener Szene der Vergangenheit nicht anwesend war, in der hingegen mein Vater anwesend war, richte ich eine unmögliche Szene ein; aber ohne meinen Sohn könnte ich jene Szene der Vergangenheit nicht mehr zurückbekommen; alles verbindet sich nun, ich gehe von einem Gesicht zum anderen, die Gesichter, die ich liebe und die verschiedenen Epochen angehören, schauen sich am Ende an. Ich weiß, daß alles geschieht, weil es *durch mich* hindurchgeht, aber weil ich mir des Unterschieds zwischen Fiktion und Wirklichkeit nicht sehr sicher bin, glaube ich am Ende an die Wirklichkeit und an die Anwesenheit jener Szene der Vergangenheit, so wie an eine Szene der Vergangenheit, die eine gegenwärtige Szene zwischen mir und meinem Sohn ist, zu dem ich übrigens nicht über die Vergangenheit spreche, sondern über Projekte für die Zukunft. Am Anfang bin ich mir über den Unterschied zwischen Wirklichkeit und Fiktion nicht sicher, aber dann, während ich mit meinem Sohn spreche, solange er bereit ist, mit mir zu sprechen, welches der Moment ist, dem ich von Anfang an aufgelauert habe, fühle ich nach und nach, daß die Fiktion realer als die Wirklichkeit ist; *weil die Fiktion kohärenter ist als die Wirklichkeit, gelingt es mir, mit meinem Sohn zu sprechen*; diese Fiktion ist die Voraussetzung der Tatsache, daß es mir gelingt, mit meinem Sohn zu sprechen. Es geschieht durch dieses Drama, welches wir durchmachen – was soviel heißt, als daß wir sind, was die Geschichte aus uns gemacht hat –, daß wir plötzlich tatsächlich zu unserer ganzen Geschichte werden. Aber die Bedeutung unserer Geschichte liegt nicht in der Geschichte, sie liegt in etwas anderem, sie liegt immer in etwas anderem; sie liegt in der Zeit des Erwartens, die so schwer festzuhalten ist. Von dieser allerdings habe ich eine sichere Vorahnung, wenn mein Sohn dadurch, daß er mit mir spricht, bewirkt, daß ich in eine Geschichte eintrete, in der auch mein Vater vorkommt, ein anarchistischer Maler, der nicht verstanden wurde, wie man zu sagen pflegt, weil er in Wirklichkeit sich selbst auch nicht verstanden hat. Es ist also nicht völlig korrekt, wollte man sagen, mein Vater sei nicht verstanden worden, weil am Ende jeder für das Verständnis, das die anderen aufbringen, selbst verantwortlich ist; in Wirklichkeit hat mein Vater sich selbst nicht verstanden, dies ist die Wahrheit, und als Konsequenz haben ihn die anderen auch nicht verstanden. Wir sind für die anderen, was wir uns für die anderen erdacht haben, also die Inszenierung von uns selbst, die wir für die anderen eingerichtet haben.

Aber die Wahrheit ist, daß ich in einer Situation anhaltender Doppeldeutigkeit lebe, denn ich sehe dieselben Dinge in meinem Sohn wie in meinem Vater, und meine einzige Freude besteht in den Momenten, in denen es mir bei meinem Sohn gelingt – falls mein Sohn bereit ist, mit mir ein wenig *in einer bestimmten Art* zu sprechen – meinen Sohn und meinen Vater in einer unteilbaren Vision des Lebens zusammenzubringen. Ich bin vor meinem Sohn und denke an das Scheitern meines Vaters, den Maler, den sogenannten unverstandenen Maler, und ich wäre übrigens nie auf die Idee gekommen, ob des Scheiterns meines Vaters, eines sogenannten unverstandenen Malers, Rührung zu empfinden, hätte mir mein Sohn nicht eines Tages gesagt »Papa, ich werfe alles hin«, um zum Theater zu gehen. Ich habe meinen Sohn und meinen Vater auf der Linie einer einzigen intransitiven Entscheidung wiedervereinigt, welche der Ursprung ihrer transparenten unendlichen Zärtlichkeit ist. Jetzt weiß ich, daß, wenn einer von beiden spricht, auch der andere spricht, jetzt weiß ich, daß eine Geschichte existiert; es ist die Erkenntnis, daß diese merkwürdige Geschichte existiert, die mich den Begriff der Wirklichkeit in seiner Normalbedeutung überschreiten ließ, die mich überdies denken ließ, daß alles in Wirklichkeit anders ist, daß alles in Wirklichkeit immer anders ist, und daß diese Fiktion, daß diese Inszenierung, die wir aus unserem Leben machen, wirklicher als die Wirklichkeit selbst ist. Es ist allein den Unterhaltungen mit meinem Sohn geschuldet, daß das, was einmal die objektive Chronik nackter Tatsachen meines Vaters war, im Lauf der Zeit zu einer Geschichte geworden ist, die man erzählen kann; es ist allein den Unterhaltungen mit meinem Sohn geschuldet, daß ich die Gelegenheit hatte, ihn in Szene zu setzen, wohl wissend, daß es eine Inszenierung ist, daß es eine erzählte Geschichte ist, verschieden von den Urteilen über rein objektive Fakten. Aber gerade die Tatsache, daß es eine Geschichte ist und darüberhinaus eine bedeutsame Geschichte, ist eine Wahrheit, die ich den wahren und objektiven Urteilen vorziehe. Denn im übrigen erscheint mir eine Geschichte von wahren Fakten, die aber nicht bedeutsam ist, am Ende nicht einmal wahr, weil wir mit einer Geschichte diesen Typs im Leben nichts anfangen können; es gelingt uns nicht, etwas aus ihr zu machen, und deshalb rutscht diese Geschichte an den Rand des Lebens. Mein Sohn macht oft Ausflüchte, verschiebt Verpflichtungen, verbringt das Leben damit, Verpflichtungen aufzuschieben, mit Ausnahme der Arbeiten, vor allem der erniedrigenden, zu denen er immer mit äußerster Pünktlichkeit erscheint. Es ist nie vorgekommen, daß er in dem Restaurant zu spät eingetroffen wäre, in dem er am Wochenende als Kellner arbeitet, und es ist nie vorgekommen, daß er bei der Agentur, die ihn von Zeit zu Zeit mit der Reinigung einer Privatschule beauftragt, zu spät gekommen wäre. Aber in allen anderen Fällen ist mein Sohn völlig unzuverlässig, manchmal auf zermürbende Weise. In Wirklichkeit ist mein Sohn von einer *schrecklichen Ernsthaftigkeit*, weil er an Stelle der Sachen, die er nicht tut, die tägliche Qual setzt, die er für sich selbst ist, und diese besteht genau darin, er selbst zu bleiben, exakt das, was er ist, nicht mehr und nicht weniger. Es ist diese schreckliche Ernsthaftigkeit sich selbst gegenüber, die ihn dazu führt, in allen anderen Angelegenheiten oberflächlich und ausweichend zu sein. Indem er die äußeren Angelegenheiten erledigt, jetzt eine, dann eine andere, eine an einem Tag, eine andere an einem anderen Tag, fürchtet er, mein Sohn, am Ende nicht mehr er selbst zu sein. Eines Abends in einem großen Saal der *Akademie der Künste, Wissenschaften und Wissenschaftstheorie* in Berlin, wo er mich während der Weihnachtsferien besuchen kam, in diesem enormen Saal, der leer war, weil die Mitglieder alle in den Ferien waren, hatte mein Sohn plötzlich gerufen, um nicht zu sagen, geschrien: »Ich habe mich annulliert!« Dies ist ein Teil seiner Selbstvernichtung, die mein Sohn mit absoluter Strenge durchführt, seine Kleidung völlig vernachlässigend; nicht einmal aus Zerstreutheit oder aus Irrtum zieht mein Sohn eine Jacke oder ein Paar Hosen an, die *außerhalb des Preisniveaus sind, das dem entspricht, was er für sich ist*. Außerhalb des Preisniveaus, das er auf instinktive Weise festgelegt hat, repräsentieren alle Kleider die wörtliche Vergewaltigung seiner Person, um nicht zu sagen: einen Gewaltakt gegenüber seinem Sein; während er nur unterhalb eines Preisniveaus, das die Auswahl seiner Kleidung regelt, *er* bleibt. Mein Sohn hat mich nie etwas gekostet; wenn wir für ihn ein Kleidungsstück finden, das oberhalb der Preisgrenze liegt, die er sich zugeordnet hat, so zieht er es nicht an; mein Sohn hat keinen Pfennig gekostet; die Wahrheit ist, daß man, wenn man ihm ein Kleidungsstück ohne sein Wissen kauft, das den Preis überschreitet, damit einen Anlaß zur Auseinandersetzung und zum Streit schafft. Jetzt weiß ich, daß diese Auseinandersetzungen und diese Streitfälle auch der Anlaß der großen Bitterkeit waren, die in ihm aufstieg, bis sie sein ganzes Gesicht bedeckte; ich kaufte ihm ein teureres Hemd, als er es wollte, und während die trostlose Bitterkeit einer anderen Existenz, die ich ihm an Stelle der annullierten aufzwingen wollte, die er sich ausgewählt hat, im Gesicht meines Sohnes aufsteigt, bemerke ich am Ende natürlich, daß es nicht ein Hemd ist, um das wir uns streiten, sondern aus dem Widerstand, den er dabei fühlt, sich selber aufzugeben, weiß ich am Ende, aber in Wahrheit habe ich eine Menge Zeit gebraucht, ihn zu verstehen und es ist nicht gesagt, daß es mir immer gelingt, mich der Versuchung zu entziehen, ihm ein neues Hemd zu kaufen, das er dann doch nie anzieht; ich weiß am Ende, daß, gleichgültig, worum es geht, unsere Auseinandersetzungen und tatsächlich noch öfter die Enttäuschungen immer am selben Punkt beginnen, die ich spüre, noch bevor wir zur Diskussion gelangen oder zum Streit, den ich vermeide, um jene Blässe der Bitterkeit nicht wahrzunehmen, die in diesen Situationen sich auf dem Gesicht meines Sohnes ausbreitet. Und dann vermeide ich schon die Diskussionen, damit mein Sohn sich selbst inszenieren kann, wenn es sein muß auch gegen mich, vor mir (wenn ich nicht da bin, spricht er meistens gut von mir) gegen mich, vor mir, statt ihn zur Annahme der neuen Hosen oder des neuen Hemds zu bewegen, die für ihn eine Kapitulation bedeuten würden, damit er sich also in Szene setzen und die Bestätigung erhalten kann, daß er er ist. Mein Sohn hat sich selbst inszeniert, als er im großen Saal der *Akademie der Künste, Wissenschaften und Wissenschaftstheorie* ausgerufen hat, um nicht zu sagen, geschrien hat: »Ich habe mich annulliert!«, er hat sich selbst in Szene gesetzt, mein Sohn hat mich in diesem Moment nicht einmal gesehen, mein Sohn sah nur, was sein Nervensystem, seine Geschichte, sein Nervensystem und seine Geschichte zusammen vor ihn hinprojizierten; mein Sohn sah mich an, aber in Wirklichkeit sah er die Projektion seines Nervensystems auf dem Hintergrund seiner Geschichte. Es ist unwichtig, worüber mein Sohn und ich nach und nach sprechen, weil wir beide von einer Kraft bewegt werden, die dem Wortschatz fremd ist, den wir beide verwenden, wenn wir das Wort aneinander richten; und es ist genau diese Kraft, die unablässig denselben Punkt zwischen uns repräsentiert, denn worüber wir auch immer reden, am Ende ist es immer eine einzige Sache, über die wir reden, und gleichgültig, was ich ihm erzähle, am Ende ist es immer eine Geschichte, die von ihm handelt, und gleichgültig, was er zu mir sagt, es ist immer eine Geschichte, die von mir spricht, von mir, der ich zwischen meinem Sohn und meinem Vater stehe.

Der unterdrückte Ausgangspunkt

In Wirklichkeit, trotz der Tatsache, daß mein Sohn eines Abends im imposanten Saal der *Akademie der Künste, Wissenschaften und Wissenschaftstheorie* »Ich habe mich annulliert!« geschrien hat, ist die Wahrheit, daß ich es bin, der sich annulliert hat. Während mein Sohn mir sagt, daß er sich annulliert hätte und sich aufführt wie einer, der sich annulliert hat, denke ich hingegen, daß ich es bin, der in Wirklichkeit sich schließlich annulliert hat, ich denke, daß ich überhaupt nicht die Einstellung und Energie eines Vaters habe, aber daß ich die Energie eines Vaters habe, der sich seinem eigenen Sohn gegenüber wie ein Sohn fühlt. Während ich ihm am Tisch gegenübersitze, denke ich und stelle fest, daß ich sein Vater bin und daß er mein Sohn ist, ich denke an die Identität zwischen meinem Sohn und meinem Vater, und am Ende fühle ich mich reduziert auf die Trennungslinie zwischen meinem Sohn und meinem Vater, ich fühle mich am Ende wie die Grenze zwischen meinem Sohn und meinem Vater. Nur in dem Maße, in dem es mir gelingt, dieses Spiel zwischen meinem Sohn und meinem Vater zu erhalten, während ich gewissermaßen nicht existiere, gelingt es mir, vor meinem Sohn zu existieren. Ich allein für mich existiere nicht mehr vor ihm, vorausgesetzt, ich hätte je für ihn in bedeutender Weise existiert. Wenn ich die Photographien anschaue, in denen mein Sohn klein ist, im Alter zwischen zwei und sechs Jahren, existiere ich, der ich neben ihm abgebildet bin, nicht neben ihm, ganz zu schweigen von den anderen

Photographien, auf denen er größer ist, denn auf diesen bin ich schon nicht mehr neben ihm abgebildet. Damit mein Sohn bei Tisch nicht aufhört, gegen mich Einspruch zu erheben, mache ich mich so klein, bis ich zu einer Linie zwischen meinem Sohn und meinem Vater geworden bin, weil nur auf dieser Linie, die ich am Ende anerkennen muß, all das Leben verläuft, das zwischen mir und meinem Sohn noch existiert. *Ich muß für meinen Sohn ein anderer sein, in dem mein Sohn erkennen kann, daß er noch er ist, und dieser andere ist mein Vater*, der ein anarchistischer Maler war, gewalttätig, zornig und zärtlich wie ein Kind, der mir einzig aus Liebe zu mir erlaubt hatte, die Schule zu schwänzen, in der ich als Junge zu ersticken glaubte. Der Umstand, daß ich die fünfte Gymnasialklasse mit achtzehn Jahren besuchte anstatt mit sechzehn, ist meinem Vater zuzuschreiben; während meine Freunde mit achtzehn Jahren zur Universität gingen, schrieb ich mich in die fünfte Gymnasialklasse ein. Aber ich spreche bei Tisch mit meinem Sohn nicht über meinen Vater; sofern es mir gelingt, mit ihm zu sprechen, und er sich nicht plötzlich erhebt, um grußlos wegzugehen. Mein Vater ist eher die nicht ausgesprochene Voraussetzung für die Tatsache, daß ich mit meinem Sohn sprechen kann. Ich denke an meinen Vater, aber die Wahrheit ist, daß ich an nichts Bestimmtes über meinen Vater denke, ich möchte an nichts Bestimmtes über meinen Vater denken; die Wahrheit ist, daß ich an nichts Bestimmtes über meinen Vater denke, ich denke an nichts, was mein Vater gesagt hat, dieser zarte, naive, unverstandene anarchistische Maler, der freundlicherweise immer meinem Wunsch entsprochen hat, nicht zur Schule zu müssen; während ich meinem Sohn am Tisch gegenübersitze, während ich am Tisch sitze und meinen Sohn beobachte, aus Angst, er könnte zu einem bestimmten Zeitpunkt plötzlich weggehen, denke ich an nichts Bestimmtes, was mein Vater gesagt hatte; die Wahrheit ist, daß ich an meinen Vater denke, ohne ihn zu sehen, ohne ihn zu erinnern, ohne mir auch nur eine Vorstellung der Physiognomie zu machen; die Wahrheit ist, daß von ihm eine Szene abstammt, die bis zu mir reicht, der ich bei Tisch meinem Sohn gegenübersitze, eine Szene, welche die einzige Szene meines Lebens ist, und die die Voraussetzung der Tatsache ist, daß ich mit meinem Sohn sprechen und leben kann. Ich ziehe Schlußfolgerungen aus der Szene, die mein Vater über uns ausbreitet, ich denke, ohne es auszusprechen, an meinen Sohn, daß der Ausdruck seiner Entscheidung »Papa, ich werfe alles hin« ein altertümlicher Ausdruck ist, den mein Vater, so weit ich erinnere, nie verwendet hat, den ich nie verwendet habe, so weit ich mich erinnere, daß es trotzdem ein altertümlicher Ausdruck ist, der auf meinen Vater und auf mich vor langer Zeit zurückgeht; ich erinnere mich aber nicht, daß wir beide, weder mein Vater, noch ich, ihn je ausgesprchen hätten. Dieser Satz ist in alles eingeschrieben, was mir vorausgeht, das erste, was ich dachte, als mein Sohn sagte »Papa, ich werfe alles hin«, trotz all meiner folgenden Anstrengungen, ihn zu überreden, die Schule nicht zu verlassen und nicht alles hinzuwerfen, weil die Schule alles war und nicht nur ein Teil dessen, was er fürchtete; trotz der Streitereien und der Diskussionen, die ich mit ihm ertragen mußte, war das erste, was ich dachte, daß ich diesen Satz als einen Satz erkannt hatte, der bis zu dem Schweigen zurückreicht, in dem ich meinen Vater denke und erinnere. In Wirklichkeit empfinde ich jedesmal Stolz, wenn mein Sohn, ohne es zu wissen, die Szene einrichtet, aus der ich herabsteige, jedesmal wenn er die einzige bedeutende Szene meiner Existenz inszeniert, seit der es für mich keine andere mehr gibt. In Wahrheit inszeniert mein Sohn nicht etwas, was meinem Vater oder mir gehörte; um genau zu sein, hält er sich *für eine kurze Zeit* bei mir am Tisch auf, statt plötzlich grußlos fortzugehen; er wiederholt offensichtlich nichts von dem, was ich ihm gesagt haben könnte, nichts, was mein Vater gesagt haben könnte; die Wahrheit ist, daß mein Sohn meine Irrealität und die meines Vaters entwickelt, mein Sohn macht das, was mein Vater und ich getan haben könnten, aber dann doch nicht getan haben; mein Sohn *setzt uns fort*, so denke ich; ich mache mich klein, bis ich eine dünne Linie bin, während er spricht, um Platz zu machen *für all meine Vergangenheit, die nicht geschehen ist, für all unsere großartige unerledigte Vergangenheit*, die mein Sohn mit einem Mal ausfüllt, während er mit mir am Tisch sitzt. *Mein Sohn entwickelt meine Vergangenheit*, dies ist es, was ich in den besseren und inspirierten Momenten denke, während wir beide bei Tisch sind, und daß dies das einzige ist, was ich denke, der einzige alternative Gedanke, der den anderen erdrücken kann, und immer aus der Befürchtung besteht, daß mein Sohn von einem Moment auf den anderen aufstehen und gehen könnte, ohne mich zu grüßen. Wenn mein Sohn bei Tisch zu mir spricht, welches der einzige Ort ist, an dem wir uns treffen, und sich in Szene setzt. Erfüllt er von Zeit zu Zeit tatsächlich meine Erwartungen mit einer Aufführung, manchmal als Ersatz für die Proben, denen er sich entzogen hat, manchmal als Selbstbelohnung, was die Grausamkeit der Jugendlichen ist, die, während sie vorgeblich etwas anbieten, in Wirklichkeit nur sich selbst zur Schau stellen und die anderen verletzen, *so denke ich an einen bestimmten nicht ausgedrückten Punkt meiner Existenz, tatsächlich denke ich an meinen unterdrückten Ausgangspunkt*. Mein Sohn löst all dieses durch seine Existenz aus, welche die völlige Negation dessen ist, was ich getan habe und mache; er sagt, daß ein Philosoph ein wurmstichiger Kopf sei, zumindest seien die Philosophen von heute wurmstichige Köpfe; er hat einige kennengelernt, als er lustlos eine andere Universität besuchte als die, an der ich unterrichte, um zu vermeiden, daß er mich auch an der Universität trifft, nachdem er mich während seiner ganzen Existenz *auch* in der Küche, *auch* im Wohnzimmer, *auch* in meinem Zimmer, *auch* in seinem Zimmer, *auch* im Flur, *auch* im Badezimmer getroffen hat. Nachdem er ein Leben lang das Licht meiner Lampe auf meinem Tisch, mich Tag und Nacht über die Bücher gebeugt sah, hatte er beschlossen, mich nicht *auch* noch an der Universität zu treffen. Von Zeit zu Zeit wiederholt er mir, daß ich wie alle Philosophen ein wurmstichiger Kopf sei, aber die Wahrheit ist, daß er mir gegenüber eine sehr komplexe und hinterlistige Angriffsstrategie verfolgt, denn einmal sagte er zu mir: »Aber du bist doch kein Philosoph, du bist viel zu emotional, um Philosoph zu sein, ein Philosoph ist einer, der einen logischen Verstand hat, du hast aber keinen logischen Verstand«. Manchmal sagt er mir, daß ich als

Philosoph, wie alle Philosophen, ein wurmstichiger Kopf sei, aber dann am Ende sagt er, daß ich nicht einmal ein wurmstichiger Kopf sei, und weil jeder Mensch Schuldgefühle entwickelt, geht mir für einige Momente der Sinn für meine Realität verloren, vom Schuldgefühl überwältigt, das der wesentliche Mechanismus ist, durch den ich die Botschaften all derer filtriere, die zu mir sprechen, folglich auch diejenigen meines Sohnes. Alles, was mein Sohn mir sagt, läßt mich nicht sein, hilft mir überhaupt nicht zu sein, weil es das Sein auflöst, das ich mir konstruiert habe; das, was er mir sagt, läßt mich denken, daß das Sein, das er zerstört, nicht mein wahres Sein sei, daß das Sein, das er zerstört, das Sein ist, das ich mir beim Licht der Tag und Nacht brennenden Lampe gemacht habe, die der Ursprung aller Alpträume im Leben meines Sohnes gewesen sein muß, gleichgültig ob er es weiß oder nicht. Am Ende denke ich zuweilen, ein anderes Sein zu haben, zuweilen denke ich, überhaupt kein Sein zu haben, das heißt am Ende, eine nicht existierende Person zu sein, die sich einen Kunstgriff zum Überleben zugelegt hat, weil tatsächlich alle meine Taten von der Angst diktiert worden sind, die ich immer als Schuld meiner Geburt empfunden habe.

Das Wort von der Hypochondrie

Manchmal denke ich, daß die Angst der Zement war, der meine Familie zusammenhielt, weil wir zuhause alle Angst hatten, ich und meine Brüder, und lange habe ich geglaubt, daß nur ich und meine Brüder an all den Phobien litten, vorm Dunkel, vor den Geräuschen und Krankheiten bis hin zu denen vor den belebten Plätzen, aber dann hat mir meine Mutter anvertraut, als mein Vater schon gestorben war, daß auch mein Vater, aller gegenteiligen Anzeichen zum Trotz, in Wirklichkeit an vielen Phobien litt, zuvörderst an der vor der Dunkelheit, daß aller gegenteiligen Anzeichen zum Trotz mein Vater ein schüchterner Mann gewesen ist und obendrein ein Opfer seiner Phobien, zuvörderst der vor der Dunkelheit. Ich glaube, daß wenn all das, was mein Sohn mir sagt, die Bedeutung erlangt, die es für mich tatsächlich hat, dann beruht dies auf der Tatsache, daß er den Kunstgriff meiner Existenz entdeckt, den ich im Lauf der Jahre geduldig eingeübt habe, nur um auszuharren und zu überleben, das heißt, es beruht auf dem Überleben, das in Wirklichkeit meine ganze Existenz war. Ich glaube, daß die Besorgnis um mein Überleben und um das Überleben meines Sohnes mich im Lauf der Jahre in meinem Kunstgriff der Existenz bestärkt hat, den mein Sohn heute bezweifelt und gegen den er harte Worte anführt, die einen Schatten auf meine ganze Existenz werfen. Vielleicht, denke ich manchmal, ist es nicht die Philosophie, die seinen Widerwillen auslöst, sondern die Tatsache, daß ich kein wirklicher Philosoph bin, ist die Ursache seiner Abscheu für die Philosophie. Vielleicht waren es nicht die Tag und Nacht von der Schreibtischlampe erleuchteten Bücherstapel auf meinem Tisch, über den er mich von Anbeginn seiner Existenz gebeugt sah, die das Unvermögen in ihm ausgelöst haben, ein Buch zu lesen und sogar das Unvermögen, ein Buch aus dem Bücherregal herauszunehmen, so wie wir viele Personen Bücher aus Bücherregalen herausnehmen sehen, als vielmehr eine nicht überzeugende Beziehung zwischen mir und jenen Bücherstapeln, eine nicht überzeugende Beziehung zwischen mir einerseits, der diese Bücherstapel von morgens bis abends ein Leben lang durchblätterte, und meiner Art andererseits, in die Küche hereinzukommen, meiner Art zu sprechen, wenn ich in der Küche war und der Art mit ihm, meinem Sohn zu sprechen, nachdem ich einmal am Küchentisch Platz genommen hatte. Wenn mein Sohn ausweichend ist, beruht dies auf der schrecklichen Ernsthaftigkeit, mit der er sich auf die Existenz wirft, alle Vermittlungen überspringend, die einen Menschen von seiner Existenz trennen. Vielleicht liegt es an meinem Schuldgefühl, daß ich die Fähigkeit habe, verstanden zu haben, daß mein Sohn *nicht meine Existenz beschädigt, sondern meinen Kunstgriff, zu sein*, und daß mein Sohn meinetwegen sich auf die unvermittelte Existenz stürzen mußte, ohne die Vermittlungen der Kultur zu passieren und *den Begriff der Arbeit* somit *erarbeitet* statt zu *lernen*, Theater *spielt*, ohne über *die Berufung des Schauspielers* nachzudenken, bis zu zwölf Gerichte aufs Mal zehn Stunden lang treppauf und treppab trägt, wenn er am Wochenende als Kellner in einem Restaurant arbeitet, ohne die Hotelfachschule besucht zu haben. Als Konsequenz seines Bemühens, sich den Kunstgriffen des Überlebens und der Anpassung zu entziehen, hat sich mein Sohn in Gedanken annulliert, und danach hat er sich auch in seiner Existenz annulliert, in der er folglich ohne jeden Vorbedacht und ohne jede Lehre agiert. All dies kommt von den Phobien, die das Leben meiner Familie seit ihren Ursprüngen dominiert haben. Dies ist die Wahrheit. Und vielleicht ist dies das einzige Element, das sich der Kenntnis meines Sohnes entzieht, das allerdings seinen inneren Kern ausmacht, meines Sohnes, der sich freilich aller Konsequenzen bewußt ist, die auf dieser Urtatsache beruhen, welche die Phobie meiner Familie ist. Ich lebe noch heute ein doppeltes Leben, ein offizielles, das von der Schreibtischlampe erleuchtete und durch die Rationalisierungen gekennzeichnete, dem ich sowohl zu Hause als auch außer Hause, an der Universität nachgehe, in den Konferenzen, bei allen Gelegenheiten, bei denen ich immer sage wie *es sein soll*, ja sage, daß es so ist, wie es sein soll, auch wenn es dann tatsächlich überhaupt nicht so ist, *wie es ist*. Aber aus einem verzweifelten Überlebensbedürfnis heraus sage ich immer, wie es sein soll, statt wie es tatsächlich ist. Aber es gibt da auch die andere, nicht erleuchtete Hälfte meines Bewußtseins, in der die unwiderstehlichen Phobien herrschen, die vor den Krankheiten, die vor der Dunkelheit, die vor den Geräuschen, in denen ich großgezogen wurde und von denen ich dann jede Entscheidung meines Lebens ableitete; all meine Verhaltensweisen haben übrigens immer auf die eine oder andere Weise mit meinen Phobien zu tun, über die ich nicht die geringste Kontrolle habe und die *die Welt selbst sind, die in mich eingedrungen ist* und die in Wirklichkeit die Welt meiner Phobien ist. Aber meine Phobien, wie übrigens auch die Phobien meiner Brüder, wie die meines Vaters, sind keine Eindrücke von oder Ängsten vor der Welt, so wie sie draußen existiert, sondern sind die Welt selbst, die in mich eingedrungen ist und die sich in mir errichtet hat wie die Welt, die außerhalb von mir besteht. Es ist die wirkliche Welt, welche die Phobie meiner Familie ausmacht. *Das Reale, nicht das Irreale, ist die Psychose.*

So lebe ich Tausende von Existenzen gleichzeitig in mir, ich habe ein ganzes imaginäres Spital in mir, und je nach Lust und Laune gehe ich von einem Saal dieses Spitals in einen anderen Saal desselben Spitals, das ich in mir trage, und das in all seinen Einzelheiten genau bestimmt ist, mit seinen Gängen, Privatzimmern oder Sechs- und Vier-Bett-Zimmern, Korridoren, Aufnahmezimmern, Korridoren mit Bänken und Korridoren ohne Bänke, Korridoren mit Bänken und Kranken und Korridoren ohne Bänke und ohne Kranke, Korridoren mit entkräfteten Kranken im Pyjama auf den Stühlen, halbgeschlossenen Türen, aus denen Ärztinnen und Krankenschwestern lächelnd herauskommen und eine übermäßige Gesundheit demonstrieren, die ich unverschämt finde, mit wohlgeformten und rosigen Armen, die wie eine Verurteilung für mich und all die anderen aussehen, die wir dort wartend zubringen, sitzend, stehend oder die Füße über den Korridor schleifend, weil die Wahrheit ist, daß immer wenn ich ans Spital denke, das in mir ist, ich schon im Innern des Spitals bin, mich schon in einer Abteilung befinde, mitten unter den Kranken, die dem grausamen Schauspiel der wohlgeformten und rosigen Arme beiwohnen müssen, welche die Krankenschwestern scheinbar absichtlich zeigen, während sie ohne Unterlaß und ohne Grund aus den halboffenen Türen auf den Korridor treten und durch sie hineingehen. In meinem inneren Spital kann ich, wann immer ich will, in jede beliebige Abteilung hinabgehen, aber ich habe immer einen äußeren Grund, der mich in diese oder jene Abteilung führt; die Erkältung führt mich in den ersten Stock, ich habe beschlossen, daß auf dem ersten Stock die »medizinische Abteilung« angesiedelt ist, wo ich und die anderen Kranken oft am frühen Morgen zusammengerufen werden und wo uns dann eine lange, zermürbende Wartezeit erwartet, wo wir darauf warten, daß sie etwas mit uns machen und stattdessen nach Stunden die Stationsschwester erscheint und uns mitteilt, daß wir auf die Abteilung zurückkehren, öffnet sich zuweilen eine Tür, aus der eine Krankenschwester mit einer brennenden Zigarette zwischen den Fingern heraustritt. Die Wahl der Abteilungen, in die ich mich begeben *muß*, hängt von den Perioden meines Lebens ab; denn wenn ich in eine Abteilung meines inneren Spitals hinabsteige, dann deshalb, weil ich mich dorthin begeben *muß*; auch wenn es sich um ein imaginäres Spital handelt, so kam es doch nie vor, daß ich aus reiner Phantasie in mein inneres Spital hinabgestiegen bin, von dem ich allerdings zugeben muß, daß es ein imaginäres Spital ist, wenn man seine Gesamtheit in Betracht zieht; aber wenn ich mich in einer bestimmten Abteilung einfinden *muß* oder durch zwei eng zusammenhängende Abteilungen wie »Radiologie« und »Zweite chirurgische Abteilung« durchgehen muß, vergesse ich, daß es sich dabei um ein imaginäres Spital handelt, denn wenn ich wegen einer Röntgenaufnahme des Darms zur »Radiologie« hinuntergehe, so geschieht es nicht wegen einer meiner Phantasien oder einer meiner Grillen, daß ich mich auf der »Radiologie« einfinde, und im übrigen darf man nicht vergessen, daß der Befund der »Radiologie« meist positiv ist, ganz selten, um nicht zu sagen nie, wurde mir in meiner radiologischen Abteilung, ganz selten, so gut wie nie wurde mir ein negativer Befund in meiner introspektiven »Radiologie« ausgestellt; meistens gehe ich dann, nachdem ich den positiven Befund erhalten habe von den Ärzten auf der »Radiologie«, die vorher lange die Aufnahmen des Darms gemustert haben, den Gang meines inneren Spitals entlang, wo es kurz vor der Biegung des Ganges im Halbschatten ein Münztelefon gibt, von dem aus ich die tödliche Nachricht meiner Familie mitteile. In meinem inneren Spital sind die Verkettungen der Ereignisse zuweilen jäh; es gibt keinen zeitlichen Abstand zwischen dem positiven radiologischen Befund und der Operation, die in der »Zweiten chirurgischen Abteilung« erfolgt, in die ich meistens sofort danach verlegt werde. Manchmal denke ich die Abfolge der Ereignisse in meinem Spital in umgekehrter Reihenfolge und zwar so, daß es zuweilen geschieht, daß ich in den Operationssaal für den Eingriff hereinkomme, den ich mir meist als Eingriff am Darm vorstelle, nie beispielsweise am Pankreas, in Wahrheit mußte ich noch nie wegen des Pankreas in die »Zweite chirurgische Abteilung« hinunter, und erst hinterher wird die Röntgenaufnahme des Darms gemacht, die ja die Voraussetzung für die Darmoperation ist. In meinem inneren Spital bin ich geradezu schon tot, und erst danach findet die Operation statt, die meinen Tod erklärt, und wieder danach findet die radiologische Untersuchung statt, welche die natürliche Voraussetzung dafür ist, daß ich mich einem chirurgischen Eingriff unterwerfen mußte. Unsere Phobien, aus denen ich geboren wurde, aus denen ich, meine Brüder und nach Auskunft meiner Mutter auch mein Vater geboren wurden, weil wir unvorhergesehenerweise von unseren Phobien in die Existenz gerufen wurden und dann in ihrem Bann blieben, haben in jedem von uns ein Gebäude errichtet, das in Wirklichkeit ein riesiges Labyrinth ist, aus dem wir nie wieder hinausfinden werden; es gibt außerdem nicht einmal den Willen, aus ihm zu fliehen, denn diese unendlichen Bauten in uns sind der Beweis dafür, daß wir nicht herauskönnen und nicht herauswollen.

Mein Sohn hat tatsächlich keine Zeit und hat auch in der Vergangenheit nie die Zeit gehabt, eine Schule oder eine beliebige Lehre zu machen, weil er immer ausschließlich damit beschäftigt war und ist, sich in den unendlichen labyrinthischen Gebäuden herumzutreiben, die in seinem Innern sich befinden, so wie sie sich auch in meinem Innern befinden und im Innern meiner Brüder und auch im Innern meines Vaters. Aber mein Sohn hat gegenüber mir den Vorteil der besseren Orientierung aus dem einfachen Grund, daß mein Sohn mich beobachtet hat, daß sich mein Sohn ein Bild von mir gemacht hat, als jemand, der Opfer seiner Obsessionen ist, Opfer seiner Phobien, welche die Obsessionen und Phobien sind, die er in sich geahnt hat, nachdem er mich beobachtet hat, oder die er möglicherweise in sich selbst geschaffen hat, da er mich beobachtet hat. Aus diesem Grund ähneln sich die Familiengeschichten immer, und doch sind sie nie vollständig gleich; *Tatsache ist, daß wir uns beobachten, und dies schafft den Unterschied.* Mit Sicherheit steht das Labyrinth der imaginären Konstruktionen, das jeder von uns in sich trägt, am Ursprung unserer Verachtung für die Kleinigkeiten, für die Besonderheiten, für die Kälte des kleinlichen Besitzes, so wie es am Ursprung einer uninteressierten und blödsinnigen Großzügigkeit allen anderen gegenüber steht. Unsere Phobien, unsere Obsessionen haben unsere Sinne gegenüber den Formen der Gesten und dem Klang der Stimmen der anderen geschärft, ganz zum Nachteil des Scharfsinns für das Eigentum, was bis zur Bereitschaft geht, wen auch immer wegen eines falschen Worts, wegen einer verstellten Stimme oder wegen einer verfehlten Intonation umzubringen; in unserer Familie sind wir alle potentielle Mörder in Bezug auf diejenigen, die eine verstellte Stimme haben. Eine verstellte Stimme ist ein Widerruf des Respekts vor der Realität, die auf den unendlichen Strecken unserer imaginären Konstruktionen verkehrt, in denen eine verstellte Stimmenimitation definitionsgemäß eine verbrecherische Intonation ist, weil sie der Widerruf unserer imaginären Bauwerke wäre, die labyrinthisch sind, um die Niedrigkeit derer Lügen zu strafen, welche die kleinsten Details und den Eigentumssinn pflegen. Die labyrinthischen mentalen Konstruktionen, die ich und die Mitglieder meiner Familie in uns beherbergen, deren Kunstprodukte und Opfer wir in Wirklichkeit gleichzeitig sind, sind labyrinthisch, um die Grobheit einer Schlußfolgerung zu vermeiden; von dem Augenblick an, da wir so denken oder die labyrinthischen Konstruktionen, die mein Leben und das Leben meiner Angehörigen lenken, es uns so gelehrt haben, ist *eine Schlußfolgerung*, *ein Resultat* oder eine *Überarbeitung* die größte intellektuelle Vulgarität. Wenn mein Sohn sich den Prüfungen entzieht, wenn ich mich in der immergleichen Metamorphose selbst verwandelt habe, mich den härtesten Opfern unterwerfend, um meine Natur nicht preiszugeben, um mein labyrinthisches Vertrauen nicht aufzugeben, wenn mein Vater zu einem gescheiterten anarchistischen Maler wurde, weil die Malerei für ihn über die Malerei hinausgehen mußte, zu einem offenen Horizont des Lebens, dessen rationale Umrisse er offenbar nicht angeben konnte, dann ist all dies am Ende nur geschehen, um die Vulgarität eines Resultats zu vermeiden, um der Grobheit irgendeiner beliebigen Schlußfolgerung auszuweichen, weil am Ende ein Ergebnis oder irgendeine beliebige Schlußfolgerung unsere schlimmste Entstellung bedeutet hätte und bedeuten würde.

Ich und meine Angehörigen, bis hinauf zu meinem Vater, sind technisch gesprochen Gescheiterte, weil die Darstellung eines Resultats oder einer Schlußfolgerung *dem nicht berechnenden Blick* widerspricht, nach dem wir uns auf den Wegen unserer labyrinthischen inneren Konstruktionen bewegen, die wir nach außen exportieren, gegenüber all dem, das sich außerhalb unserer imaginären Welt zeigt, welche die Welt ist, die uns auf eine harte Probe stellt, die uns erniedrigt, die uns mißhandelt, der es aber dennoch nicht gelingt, unseren Blick abzulenken, der nicht berechnend bleibt, der ehrfurchtsvoll dem gegenüber bleibt, was da ist, aus dem einfachen Grund, daß es da ist, und der sich trotz seiner Schwäche nicht ablenken, biegen oder unterwerfen läßt, weil er am Ende aller Zwänge, Erniedrigungen und Verhöhnungen immer noch schauen wird, so wie er seit der Kindheit geschaut hat, und der der nicht berechnende Blick der Kindheit ist, der sich erhebt, wenn alles geopfert ist, weil man nichts versucht hat, womöglich aus einer Schwäche oder Phobie heraus, aber trotzdem nichts versucht hat, und der immer noch der Blick ist, dem es gelingt sich zu erheben, weil am Anfang alles geopfert wurde und ihm jetzt nur die unendliche Rührung bleibt, einzig und allein ein nicht berechnender Blick den Dingen gegenüber zu sein, die vor ihm immer und immer wieder ablaufen; und der Blick, der seinerseits ihnen gegenübersteht, richtet sich in die Ferne, ohne auch nur eins der Dinge in Besitz zu nehmen, grenzenlos in der Maßlosigkeit und in der Unschlüssigkeit seines Erstaunens. Ich habe schon den Blick meines Sohnes gesehen, während ich ihn bei Tisch beobachtete, ohne daß er es bemerkt hätte, oder während er schnell den Korridor im Haus durchschritt; er durchschreitet den Korridor zuhause immer schnell; wenn er den Korridor zuhause nicht schnell durchschritte, *wäre er nicht er*, wenn er den Korridor nicht schnell durchschritte, um mir zu verstehen zu geben, um allen Familienmitgliedern zu verstehen zu geben, daß er nur er ist, würde ich das mittlerweile als *Kapitulation seinerseits* auffassen. In den vergangenen Jahren habe ich zuweilen versucht, ihn anzuhalten, um mit ihm zu sprechen oder ihn einfach zu grüßen, und auch heute, trotz des Bewußtseins, das ich ihm gegenüber erworben habe, versuche ich irrationalerweise ihn anzuhalten, aber in Wirklichkeit will ich nicht, daß er anhält, denn wenn er anhielte, so wäre dies seine Kapitulation, die ich nicht aushalten würde, ich würde seine Kapitualtion nicht überleben; aus diesem Grund sind unsere Diskussionen falsche Diskussionen, und es sind Diskussionen, in denen ich mich irrational verhalte, denn während ich tatsächlich diskutiere, so wie übrigens jeder mit jedem diskutiert, um ihn kapitulieren zu lassen, so könnte ich in Wirklichkeit seine Kapitulation nicht überleben. Mein Sohn durchschreitet weiterhin den Korridor schnellen Schritts, er hat niemals mit den Füßen geschleift, er hat noch nicht mit seinen Füßen auf den Abteilungen und den Gängen meines inneren Spitals geschleift, das ich übrigens selbst noch nicht richtig kenne, denn während mir »Radiologie« und »Zweite chirurgische Abteilung« und auch die »Medizinische Abteilung« vertraut sind, weil ich dort seit meiner Kindheit hingehe, so hatte ich bisher noch keinen Grund, in andere Abteilungen zu gehen; so bin ich zum Beispiel noch nicht in die »Augenärztliche Klinik« hinuntergegangen, ich habe meinen Fuß auch noch nicht in das »Zentrum für Nephrologie und Dialyse« gesetzt, von dem ich weiß, daß es in meinem Spital existiert, das eine Projektion meines Geistes ist, ohne jedoch jemals dort gewesen zu sein. Meine Hypochondrie hat dieses Spital im Innern meines Geistes errichtet, in dem sich das ewige Kommen und Gehen der Krankheiten abspielt, für die ich mich vorübergehend oder chronischerweise entschieden habe, aber meine Hypochondrie lenkt mich naturgemäß nur in die Abteilungen, die von ihr ausgesucht wurden; von Zeit zu Zeit und seit einigen Jahren immer öfter werde ich von Hypochondrieanfällen heimgesucht, die mich dazu verleiten, mich in diese oder jene Abteilung zu begeben; zuweilen ist der Hypochondrieanfall akut genug, um mich in eine Abteilung meines inneren Spitals zu schicken, das ich im Lauf der Zeit unter dem Druck der Hypochondrie errichtet habe, aber sie ist nicht stark genug, um die Ärzte meines inneren Spitals dazu zu bringen, einen positiven Befund auszustellen, und in diesen Fällen der Ungewißheit simuliere ich die Sätze, die meine inneren Kranken, meine Patienten, an irgendjemand in den Abteilungen meines inneren Spitals richten; so stelle ich mir beispielsweise vor, das zu sagen, was eine siebzigjährige Frau, die auf 37 Kilogramm abgemagert ist und sich nur mit Mühe auf den Beinen hält, in der Abteilung eine Krankenschwester meines inneren Spitals fragt: »Aber steht es nicht so schlimm mit mir, daß ich sterben muß?«; ich sehe die Patientin an, die in derselben Abteilung ist, in die ich hinunter mußte, während meine Diagnose in allen Abteilungen meines inneren Spitals noch in der Schwebe ist, und dann glaube ich, ebenfalls die gleiche Frage zu wiederholen, und so denke ich, am Ende sagen zu müssen oder sagen zu können: »Aber steht es nicht so schlimm mit mir, daß ich sterben muß?«. Doch wenn ich es dann sage, gibt es niemanden, der mir zuhört, so daß ich mich schon fast in der Einsamkeit meines Todes befinde. Bislang bin ich immer in mein Spital hineingegangen und herausgekommen, doch dann wurde mir klar, daß es überhaupt nicht gesagt ist, daß ich jedesmal meinen Hypochondrieanfällen entkomme; ich denke zuweilen, daß ich eines Tages in mein inneres Spital hineingehen werde, ohne jemals wieder herauszukommen, daß ich niemals eine wirkliche Person antreffen werde, weil ich für immer in die Einbildung der Abteilungen der Kliniken eingesperrt sein werde, die ich eine nach der anderen im Lauf der Jahre in meinem tiefsten Sein errichtet habe und daß, wenn es mir nicht gelingen wird, aus mir selbst herauszukommen, *wenn es mir nicht gelingen wird, eine Inszenierung von mir selbst als Alternative zu mir selbst zu verwirklichen*, ich in einer Abteilung für chronisch Kranke enden werde, in meinem Spital, von dem ich sagen könnte, daß ich die Grausamkeit besaß, es allein für mich zu errichten, *wenn es nicht so wäre, daß dieser Satz mir, der ich mein inneres Spital errichtet habe, nicht wirklich gehört*, es ist ein Satz, der mir nicht gehört, der zwar Ausdruck finden kann, in dem, was ich schreibe, der aber für mein Schreiben innerhalb meines Schreibens eine fremde Stimme ist. Ich habe keinen einzigen Augenblick aufgehört, mein inneres Spital zu erweitern, um neue Abteilungen zu finden, in denen es immer einen Arzt gibt, in denen es immer noch einen weiteren Arzt gibt, der mir meine tödliche Krankheit diagnostiziert.

Mein Sohn ist nie in mein Spital hinabgestiegen, und vielleicht durchschreitet er den Korridor so schnell, um diese Gefahr zu vermeiden, um sich dadurch meinen Versuchen zu entziehen, ihn anzuhalten und ihn in meine Krankheit mit hineinzureißen, für die ich schon meine innere Spitalseinrichtung vorbereitet habe. Ich habe immer geglaubt, daß mein Sohn doch ein wenig mehr mit mir hätte sprechen können, auch wenn es richtig ist, daß die Kinder sich von der Familie trennen, beispielsweise hätte er sich wenigstens ein bißchen länger auf dem Korridor aufhalten können, wenn wir uns dort zufällig treffen oder wenn ich ihn, was übrigens selten vorkommt, überrasche, wie er im Sessel unseres großen Zimmers mit den vier ovalen Fenstern sitzt, die auf einen Platanenpark hinausgehen; stattdessen hat mein Sohn eine harte Regel befolgt, für die er auch nicht eine Ausnahme erwog, nicht einmal eine Ausnahme, was den Umstand des schnellen Durchschreitens des Korridors anbelangt, ohne das Wort an mich zu richten und ohne mir zu antworten, auch was den anderen Umstand anbelangt, nie auf meine Reden einzugehen, sich meinen Fragen nicht zu stellen, wenn ich ihn im Sessel des großen Zimmers, das auf den Platanenpark hinausgeht, überrasche. Wenn ich eine der Photographien anschaue, die ihn zeigen, als er klein war, im Alter von drei bis fünf Jahren, dann lese ich in seinem Blick die Weigerung, nachzugeben. Im Lauf der Jahre habe ich diese Photographien unendlich oft gesehen, sogar mit ihm zusammen, solange er ungefähr in dem Alter war, in dem er aufgenommen worden war, aber erst heute gelingt es mir, die Bedeutung seines Blicks zu verstehen, der seit damals die resolute Intention ausdrückt, nicht nachzugeben und sich meinen zuvorkommenden Fragen nicht zu stellen, denen er seit der Zeit jener Photographien die Bedeutung zuvorkommender Fragen, die an ihn gerichtet waren, beimaß, die aber in Wirklichkeit *verbale Provokationen gegen ihn* waren, gegen die mein Sohn beschlossen hat, sich zu verteidigen, noch bevor er sprechen oder schreiben konnte. Da er kein Mittel zur Verteidigung hatte, hat mein Sohn *seine Verteidigung auf einen einzigen Blick* konzentriert, den er auf allen Photographien zeigte; an Weihnachten vor dem geschmückten Weihnachtsbaum im Zimmer mit den ovalen Fenstern, die auf den Platanenpark hinausgehen, hat mein Sohn diesen Blick vor dem geschmückten Weihnachtsbaum; im Sommer am Strand im Badekostüm vor einer Sanddüne hat er denselben Blick vor der Villa der Großeltern in Rimini. Bei einer ersten Betrachtung der Photographien erfaßt man das Verhalten meines Sohnes nicht, das man später verstehen kann, wenn man beobachtet, daß sein Blick nicht auf die Personen gerichtet ist, die mit ihm auf dem Bild erscheinen, oder auf etwas, das um ihn herum geschieht, sondern einzig auf mich gerichtet ist, geradewegs auf mich, um dem vorzubeugen, was damals schon, wie jetzt, meine verbalen Provokationen waren und sind. Erst heute im Licht der Rekonstruktion, die ich im Lauf der Zeit angestellt habe, erst jetzt im Licht der radikalen Rekapitulation, die ich im Lauf langer Jahre durchgeführt habe und die ihren Höhepunkt erreichte, als mein Sohn erwachsen war, was die Anfangsvoraussetzung war, habe ich rückblickend verstanden, daß die Bedeutung dieser Photographien sich in Wirklichkeit außerhalb dieser Photographien befand, weil er aus Selbstverteidigung tatsächlich geradewegs auf mich herabsah; aber »tatsächlich auf mich herab« ist immer noch eine Formulierung, die mir nicht gehört, die zwar Ausdruck finden kann in dem, was ich schreibe, die aber eine fremde Stimme meines Schreibens in meinem Schreiben bleibt.

Die Geschichte eines Blicks

So hat die Geschichte von mir und meinem Sohn begonnen, die Geschichte von mir und meinem Sohn hat ihren Ursprung und ihren ersten Zeugenbeweis im Blick, mit dem mein Sohn nie aufgehört hat, mich zu beobachten. Wenn ich jetzt mit dem Abstand der Jahre jene Photographien betrachte, auch diejenigen, auf denen mein Sohn abgebildet ist, als er noch nicht laufen konnte, dann entdecke ich das, was in Wirklichkeit immer im Blick meines Sohnes vorhanden war, das so klar zutage trat, wie die am offensichtlichsten zu verstehende Sache, die ich mich aber weigerte zu sehen, wie es übrigens immer der Fall ist mit den Dingen, die klar zutage treten, weil ich die Tatsache nicht sehen wollte, daß er niemals meinen liebevollen Sätzen erlegen wäre, die von ihm in Wirklichkeit als verbale Provokationen und als verbale Verletzungen wahrgenommen wurden, daß mein Sohn sich nie ergeben würde und sich nicht von meinen Schmeicheleien hätte verändern lassen, was die Voraussetzung dafür gewesen wäre, daß ich meinen Sohn, wenn er größer geworden wäre, ein wenig in mein inneres Spital hätte mitnehmen können, das ich in meinem Innern errichtet habe; nach und nach hätte ich meinen Sohn in *meine* Abteilungen *meines* Spitals hinabgehen lassen. Im Blick meines Sohnes von damals – jetzt sieht er mich meistens nicht einmal an, oder er sieht mich an, wie man ein Glas ansieht – ist schon die Flüchtigkeit zu sehen, mit der ich ihn heute den Korridor unseres Hauses entlangeilen sehe ohne daß er mich anspricht; aber dies hätte ich damals keinesfalls in irgendeiner Weise erfassen können, weil das Verständnis dieses Umstands, der einzig auf eine Verbindung seines Blicks *von damals* mit seiner Art *von heute*, den Korridor zu durcheilen, zurückgeht, ausschließlich durch eine rückblickende Feststellung möglich wurde. Wenn mein Sohn mir nicht seit damals mit dem Blick bedeutet hätte, daß er durch den Korridor unseres Hauses schnell hindurchschreiten würde, was der wahrscheinlichste Ort ist, ihn zu treffen, oder daß er sich plötzlich vom Tisch erhoben hätte und weggegangen wäre, meistens ohne mich zu grüßen, dann wären wir jetzt zwei arme Unglückliche, die verzweifelt miteinander ringen, *im Sumpf der klebrigen und inzestuösen Sprache* versinkend, *welcher so charakteristisch für die Familenidiome ist*, die im Guten wie im Schlechten am Ende immer zum Schlechten führen, wobei auch die bis in die Intonation der offenen und geschlossenen Vokale kultiviertesten, raffiniertesten, bewußtesten Idiome alle Menschen ohne Unterschied in den Ruin und in die Katastrophe treiben; das klügste, kultivierteste und humorvollste *Familienidiom* führt am Ende nur zum Inzest und zur Depression. Je enger die sprachliche Übereinkunft ist, die aus einem klebrigen Wust von Worten zwischen den Angehörigen einer Familie besteht, desto tödlicher ist das selbstmörderische Schweigen der Depression, das am Ende unerbittlich auf sie wartet, die im Kerker zermürbt wurden, in dem alle ohne Unterschied dazu bestimmt sind zu ersticken, und der vorher noch ihr leuchtendes, lebhaftes, geistvolles und intelligentes Haus war.

Am Ende bemerke ich, daß die bedeutungsvollen Beziehungen zwischen mir und meinem Sohn nicht von den Worten abhängen; am Ende bemerke ich, daß im Guten wie im Schlechten, aber das Schlechte könnte ja nur mein Schlechtes sein, sein Gutes könnte mein Schlechtes sein, nur mein Tod wäre das entscheidende Ereignis für die Lösung aller Schwierigkeiten, die mein Sohn nicht zum Ausdruck bringt, und die er in sich nährt bis zum gelegentlichen Erbleichen und Weißwerden, solange ich am Leben bin, so daß nur eine so entscheidende Inszenierung wie die meines Todes all den Problemen meines Sohnes Gerechtigkeit widerfahren ließe. In diesem Sinn könnte ich den verweigernden Blick meines Sohnes – seine vorsprachliche Verweigerung gegenüber allem, was auch immer es sei, wann auch immer es sei, das sich als Grund einer Übereinkunft zwischen ihm und mir herausstellen könnte – als Vorahnung seiner Befreiung durch meine Auslöschung interpretieren. In den schwierigsten Jahren habe ich zuweilen gedacht, daß ich meinem Sohn verbiete, seinerseits zu leben, ich habe zuweilen gedacht, daß mein Sohn meinen Tod braucht, den er natürlich nicht erwägt, um wirklich in das Leben einzutreten, in das er tatsächlich niemals eingetreten ist, weil sein Leben alles in allem meist eine Defensivstrategie mir gegenüber war, die ihn zwar vor mir gerettet hat, aber nicht die hinreichende Voraussetzung für ein vollständiges Leben ist. Tatsächlich war mein Sohn bis jetzt ein Sklave seiner Freiheit, weil er bei jeder Gelegenheit durch das Bedürfnis verurteilt wurde, seine Freiheit zu behalten, was aus meinem Sohn einen Gefangenen seiner Freiheit gemacht hat. Seit mein Sohn mich als Kind so angesehen hat und damit nie wieder aufgehört hat – weil, auch wenn er den Korridor unseres Hauses durchschreitet, *sein Gang seine Art ist*, mich weiterhin anzusehen – hat er eine nunmehr beträchtliche Anzahl von Jahren, die genau seinem Alter entsprechen, damit zugebracht, *mich von dem Gespräch abzuhalten, das uns beide krank gemacht hätte*. Die Regel, die mein Sohn in Bezug auf unsere Gespräche angewandt hat, die schreckliche Ernsthaftigkeit, die er über unsere Beziehung legte, entspricht dem zwanzigfachen der Militärzeit. Mein Sohn ist während unserer Gespräche nie in die Ferien gefahren, mein Sohn hat während unserer Gespräche »der Sprache nie einen Urlaub gegönnt«, die allerdings auch keine Gespräche im herkömmlichen Sinne waren, trotz meiner kindischen Bemühungen, aus ihnen Gespräche im herkömmlichen Sinne zu machen. Um der Belagerung mit Worten nicht zu erliegen, die ich jedesmal ausübte, indem ich unwillentlich jedes Wort in eine Falle verwandelte, hat mein Sohn, statt zu sprechen und in die Fallen zu gehen, die ich ihm stellte, ohne im mindesten zu denken, daß ich ihm Fallen stellte, beschlossen, Theaterschauspieler zu werden. *Ausschließlich aus dem Grund, sich zu retten und ausschließlich aus Treue zu seiner verzweifelten Regel, sich selbst zu retten, hat mein Sohn das Studium abgebrochen, um Schauspieler zu werden*.

Wenn ich schreibe, denke ich an meinen Sohn und sein Schicksal, was das Schicksal einer Darstellung ist, in der, ohne daß er es wüßte, sein Bild auf das meines Vaters verweist, ich denke jedesmal, daß das Bild meines Sohnes in das eingeht, was ich schreibe, daß das, was ich schreibe, kein wirkliches Schreiben ist, sondern eine Zeichnung, die ich schreibend zeichne; es wird mir klar, daß, indem ich weiterschreibe, das Ergebnis am Ende keine Schrift, sondern eine Zeichnung ist, eine Entfaltung von Figuren, die nach und nach auftauchen, bis sie die Bedeutung von Physiognomien annehmen, die ich ansehen kann, *weshalb ich am Ende die Worte nicht zum Schreiben, sondern zum Sehen verwende*. Solange ich nur schreibe, sehe ich nur die in den Worten schon vorgesehenen Verkettungen, solange ich nur schreibe, vor allem am Anfang, zu Beginn von allem, was ich schreibe, zögere ich mit den automatischen Verkettungen der Worte, und ich zögere, weil aus den Worten, die ich verwende, keine Bedeutung für mich entsteht und es mir dann nicht gelingt zu sehen, weil ich in Wirklichkeit nicht sehe und folglich im Dunkel, das ich selbst schreibe, ersticke, weil ich bis zu diesem Moment eine Version meiner Finsternis verfaßt habe; ich habe einfach eine Version der Finsternis verfaßt, in der ich herumtappe, der Finsternis, in der meine jetzige Familie herumtappt, und dann der Finsternis, in der meine ursprüngliche Familie herumtappte; ich muß weiterschreiben, bis im Lauf des Schreibens die Entscheidung reift, die eine Szene erhellt, eine Wendung, die das Schreiben mir aufzwingt und die ich meinerseits dem Schreiben aufzwinge; wir überwältigen uns gegenseitig, ich und mein Schreiben, wir erregen uns gegenseitig, ich und mein Schreiben, um zu einer gemeinsamen Befreiung zu gelangen, in der der Konflikt zwischen mir und dem Schreiben aufhört, weil sich eine Szene erhellt, in der Töne und Zeichen einer alten Erinnerung widerhallen, von etwas, das nie geschehen ist, von einer Irrealität, in der sowohl meine Gegenwart als auch die meines Sohnes wurzelt; und deshalb schreibe ich, so als ob ich mich daran erinnern würde, was ich schreibe; ich weiß das, was ich schreibe nicht, bevor ich es schreibe, *aber von dem Moment an, in dem ich es schreibe, schreibe ich es, als ob ich mich daran erinnerte, ich schreibe eigentlich das, woran ich mich erinnere, indem ich es schreibe*. Ich denke an meinen Sohn, und wenn ich über ihn schreibe, schreibe ich an einem bestimmten Punkt eine Zeichnung, die ich sehe; ich schreibe direkt die Bedeutung dessen, was er sagt, wie eine *Physiognomie*; ich schreibe, daß mein Sohn den Korridor unseres Hauses schnell durchschreitet, aber am Ende schreibe ich es nicht, auch wenn ich es in Wahrheit schreibe, weil ich in Wirklichkeit meinen Sohn sehe, der den Korridor unseres Hauses schnell durchschreitet, um den Fallen auszuweichen, die ich ihm mit meinen Worten stelle. Mein Schreiben geht über das Schreiben hinaus, ich gehe über das Schreiben hinaus, so wie ich über das Sprechen hinausgehe, wenn ich bei Tisch mit meinem Sohn spreche; meinem Sohn und mir gelingt es, miteinander zu sprechen, wenn wir an einem gewissen Punkt über das Sprechen hinausgehen, wenn wir sprechend die Grenze überschreiten, was die einzige Voraussetzung dafür ist, daß wir noch miteinander sprechen können; nur wenn wir die reflexive und analytische Sprache der Feststellungen in einer Szene überwinden, in der er sich frei bewegen kann, weil er sieht, daß auch ich mich frei bewege; nur wenn wir über die Grenze der Worte hinausgehen, in eine Szene, die wir gemeinsam einrichten, gelingt es meinem Sohn, mich anzusehen und zu mir zu sprechen, statt plötzlich aufzustehen und wegzugehen; dann merke ich, daß mein Sohn und ich in die Szene eintreten, in der das Echo erklingt, das seinen Ursprung noch vor den Worten hat. Ich sehe meinen Sohn an, der am anderen Tischende mir gegenüber sitzt, und wenn er mich in einer bestimmten Weise anblickt, dann sehe ich eine Szene, in der wir beide uns treffen, was nicht die Situation ist, in der wir uns normalerweise tatsächlich treffen; mein Sohn bringt mich dorthin, wo ich in diesem Moment überhaupt nicht bin, ich bringe meinen Sohn dorthin, wo er sich in diesem Moment überhaupt nicht befindet, wenn mein Sohn und ich in die von uns eingerichtete Szene eintreten, wo wir zu den Künstlern unseres Lebens werden; in jener Szene glaubt mir mein Sohn, wenn ich mit ihm rede und während ich mit ihm rede, während ich glaube, daß er mir glaubt, glaubt mir mein Sohn, weil ich in dieser anderen Szene, in die wir am Ende gelangt sind, jenseits der Grenzen der normalen Sprache spreche, als ob ich nicht wüßte, daß er oft ausweichend ist, daß er sich den Prüfungen entzieht, daß er zuweilen nichts mit sich anzufangen weiß; ich schweife von dem ab, was er zuallererst als seine innere Unzulänglichkeit betrachtet, was aber Unzulänglichkeiten sind, die unauflöslich mit seiner Person verwoben sind und die sich als Grund seines Lebens herausstellen, und ich schweife von der üblichen Sprache ab, ich schweife völlig von der abstrakten und reflexiven Sprache ab, um in die Inszenierung einzutreten, die ich in einem imaginären Theater für mich und für ihn einrichte, da seine Unzulänglichkeiten ein Teil von ihm sind; ich würde sogar sagen, daß seine Unzulänglichkeiten die notwendige Voraussetzung der Einrichtung der Szene sind, welche die einzige Szene ist, die meinem Sohn und mir Glück bringt. Die Tatsache, daß er dazu fähig ist, Darsteller einer Wahrheit zu werden, die tiefer ist als die, die ihn normalerweise erliegen läßt, ist den Unzulänglichkeiten geschuldet, die mein Sohn normalerweise nicht zu beheben weiß, als ob ihm die Kraft dazu fehlte. Nur weil er sich annulliert hat, wie er einmal in dem riesigen Saal der *Akademie der Künste, Wissenschaften und Wissenschaftstheorie* in Berlin erklärt hat, ist mein Sohn Darsteller einer nicht nur tieferen Wahrheit, sondern einer glücklicheren Wahrheit geworden, glücklicher, als das Glück, das wir ihm im Gegenzug zur Aufgabe seiner sogenannten Unzulänglichkeiten versprochen hatten. In Wirklichkeit sind es nur seine sogenannten Unzulänglichkeiten, die meinen Sohn vor den gräßlichen Tugenden bewahrt haben, die auf lange Sicht die Menschen in ebensoviele Peiniger und Mörder verwandeln. In der Szene von uns selbst, die mein Sohn und ich ausstatten, in dem Theaterstück, in dem wir die Künstler unseres Lebens werden, ist es nicht so, daß ich glaube, mein Sohn sei nicht ausweichend, entziehe sich nicht den Prüfungen, wüßte etwas mit sich anzufangen, sondern die Tatsache, die mich in Wirklichkeit überwältigt, ist die, daß das, was man in Worten als Unzulänglichkeiten bezeichnet, in Wirklichkeit keine Unzulänglichkeiten sind, sondern Bestandteile seines Seins, die es ihm erlauben, *ein Künstler seiner eigenen Existenz* zu werden. Einzig und allein weil er ausweichend ist, statt von der Idee besessen zu sein, etwas zu besitzen, verschenkt mein Sohn oft das Geld an seine Freunde, das er als Kellner oder durch das Reinigen der Räume einer Privatschule am Wochenende verdient; es ist einzig dem Umstand, nichts mit sich anzufangen zu wissen, geschuldet, daß er eine unbeugsame moralische Ernsthaftigkeit gegenüber den anderen zeigt, weil von dem Moment an, in dem sich mein Sohn annulliert hat, wie er sagt, von da an, da er sich annulliert hat, empfindet mein Sohn jede Situation, jede mögliche Situation als eine extreme Situation; mein Sohn wird in Wirklichkeit zu seiner eigenen Utopie, während er jeder möglichen Situation als radikaler Situation gegenübertritt, jenseits derer er sich nichts vorstellen kann, weil jede Situation, der mein Sohn gegenübersteht, seine extreme und radikale Situation ist, *die sich ihm jedesmal als einzige Situation offenbart, die existiert*. Die Wahrheit ist sogar, daß mein Sohn Mal um Mal in der extremen Situation lebt, von der er unglücklicherweise in Anspruch genommen ist, und aus diesem Grund weist die Existenz meines Sohnes keinerlei Kontinuität auf, und mein Sohn kann aus diesem Grund auf keinerlei Kontinuität in seinem Leben zählen, und es gelingt ihm nicht, mit anderen zusammen zu sein, wenn die anderen, alle anderen, sich nicht auch in die extreme Situation gesetzt sehen, in die er jedes Mal verwickelt ist. Meinen Sohn gibt es nicht, er existiert einfach nicht, wenn die Situation nicht vorhanden ist, die ihn zum Darsteller einer Situation macht. *Wie ein Schauspieler wird mein Sohn jedesmal geboren und stirbt jedesmal, er hat keine Existenz außerhalb der Unstetigkeit, während derer er abwechselnd der Künstler der eigenen Existenz ist oder einer, der, wie man zu sagen pflegt, nichts mit sich anzufangen weiß*. Ich kann mich nicht auf die Tatsache verlassen, daß mein Sohn immer da ist, außerhalb der extremen Situation, in der er dann radikal handelt; mein Sohn zieht sich von mir wie von allen anderen zurück, von jeder Tatsache, von jedem Umstand oder Problem; jede mögliche Tatsache und jedes mögliche Problem lastet wie eine unerträgliche Bedrückung auf ihm. Und wenn mein Sohn sich von uns zurückzieht, dann zieht er sich auch von sich selbst zurück, weil er nur für die Situation existieren kann, die ihn so lange sein läßt, wie sie andauert, und mit ihrem Ende hört mein Sohn sozusagen auf zu existieren. An diesem Punkt erreicht ihn kein Wort, das ich an ihn richte, kein Wort, das jemand anderes an ihn richtet, und wenn es ihn erreicht, dann nur als Verfolgung und Erniedrigung; die Worte, die wir an ihn richten, stürzen wie Erniedrigungen auf ihn ein. *Mein Sohn denkt, ohne es zu sagen, sogar ohne es zu wissen, daß es nicht möglich ist, immer zu existieren*.

Wenn wir eine Person mit Worten behandeln, wenn wir eine Person durch Worte behandeln, so verurteilen wir sie zum Scheitern, sei es dadurch, daß wir ihr Glück wollen, sei es dadurch, daß wir ihr Unglück wollen, dies hängt von der perversen Macht der Benennung ab; wenn wir die Personen und die Kinder durch Worte, mit Worten behandeln, im wesentlichen durch das Mittel der Worte, dann läuft das darauf hinaus, sie unter ein Mikroskop zu legen, das ihre Existenz wie einen Abgrund an Depressionen enthüllt, in den abzustürzen alle bestimmt sind. Aber in Wirklichkeit ist es immer unser Abgrund, in den die anderen stürzen; jeder stellt mit seinem Wortschatz die Falle bereit, die die Depression des anderen vorbereitet. *Der andere, mit seinen bedrohlichen und mörderischen Worten, ist die Depression*. Ein großer Teil der Worte, die wir an die anderen richten, sind die Stimme unserer Depression; tatsächlich sprechen wir oft, um nicht an der Depression zu ersticken, die wir dann in die Worte kleiden, die dazu bestimmt sind, die anderen im Lauf einer Existenz zu vernichten, die meistens ein Wettkampf der menschlichen Fähigkeiten zur gegenseitigen Vernichtung ist. Nachts sind wir von der Depression befallen, die sich im Laufe unserer Existenz zum ersten Mal zeigt, wenn wir unser Gefühl träumen zu ersticken; während wir denselben Schmerz träumen, erstickend zu leben, träumen wir unsere Depression, die in unserem Traum ein dunkler und unbestimmter Raum ist, in dem man nicht atmen kann, weil es sich um den Raum handelt, der seit langem vom Tod erwartet wird, von dem wir träumen, daß wir ihm unwiderstehlich anvertraut sind; wir ziehen es vor, natürlich zu sterben und nicht erstickend mit dem Tode zu ringen, weil wir eines Nachts im Traum plötzlich bemerken, daß das Leben immer nur unser einfaches Atmen war. Es ist das Erstickungsgefühl, aus dem wir erwachen und das uns jedesmal das Gefühl der Schrecklichkeit des Lebens zurückgibt, das nicht mehr vom Leben, sondern vom Tod umgeben ist, während es uns zur gleichen Zeit das exakte Maß zurückgibt, das uns in den meisten Fällen unseres Lebens gefehlt hat; und so treffen wir nur im schrecklichsten unserer Träume am Ende unsere Wahrheit; wir träumen in der Nacht die Wahrheit, die wir im Wachzustand nicht ertragen können, wir träumen des Nachts das Maß der Härte, auf deren Höhe wir tagsüber so gut wie nie gewesen sind, wir träumen, daß in Wirklichkeit jedes Ereignis unserer Existenz ein extremes und radikales Ereignis war. *Mein Sohn ist der Sohn dieses Traums*. Aber unsere tägliche Existenz ist nicht in der Lage, diese radikalen Wahrheiten wiederzugeben, unsere Existenz *in ihrer buchstäblichen Fassung*, die gleichzeitig ihre alltägliche Version ist, erlaubt nicht einmal, in radikaler Weise die Situationen zu behandeln, in die wir verwickelt sind; es ist einfach unmöglich, radikal zu sein und innerhalb der Sprache der buchstäblichen Fassung der alltäglichen Existenz eine Situation bis an ihre äußerste Grenze zu führen. *Aus diesem Grund ist die einfache und nackte Wahrheit, die in den Worten der gewöhnlichen Sprache des Alltagslebens ausgedrückt wird, nicht die Wahrheit, sondern eine Lüge, und folglich ist auf der anderen Seite die theatralische Inszenierung unserer selbst, die wir Künstler unseres Lebens sind, die wir als Darsteller das zeigen, was wir als nackte Menschen nicht aushalten könnten, die Wahrheit*. Die Wahrheit ist nicht die Wahrheit unserer alltäglichen Existenz, die Wahrheit gehört einzig der *Erscheinung unserer Inszenierung*; dank der Vermittlung des Scheins gelingt es uns, die Wahrheit auszudrücken, die man unmöglich in der *buchstäblichen Fassung* unserer Existenz formulieren kann. Nur weil wir Menschen sind, ersticken und sterben wir, nur weil wir uns in Schauspieler unseres Anscheins verwandeln, gelingt es uns, indirekt die Wahrheit zu zeigen, die wir niemals formulieren können. Meinem Sohn und mir ist es nie gelungen, uns direkt in der wörtlichen Sprache zu unterhalten; *in der direkten Sprache des Alltagslebens sind mein Sohn und ich nur übereinander hergefallen*; nur durch die Vermittlung einer Inszenierung in dem Theater, das wir in unserer Eigenschaft als Schauspieler manchmal einrichten konnten, meistens bei Tisch oder gelegentlich an einer beliebigen Stelle auf dem Korridor, auf dem ich ihn vorbeigehen sehe, ist es meinem Sohn und mir gelungen, indirekt miteinander zu sprechen, weil das, was er sagt, nicht direkt an mich gerichtet ist, so wie das, was ich sage, nicht direkt an ihn gerichtet ist, *ich gebe genau acht, daß ich nichts sage, was direkt an ihn gerichtet ist*, aber sowohl ich als auch mein Sohn sprechen miteinander, indem wir uns der Szene zuwenden, die die Szene von uns beiden ist, in der wir füreinander unseren Part als Künstler unserer Existenz spielen. Ohne daß er oder ich es sagen, denken wir von einem gewissen Punkt an, daß *die Geschichte völlig verschieden ist*, daß seine und meine Geschichte und die Geschichte von vielen anderen und von weit entfernten Menschen völlig verschieden ist. Dank des plötzlichen Empfindens dieser Verschiedenheit, während wir uns in der Szene unseres imaginären Theaters befinden, dank dieser gewagten Empfindung unserer Existenz an der äußersten Grenze, die nur in der Theaterszene möglich ist, die von meinem Sohn und von mir eingerichtet wurde, verstehe ich plötzlich weit entfernte Personen, an die ich bis dahin selten gedacht habe; zum ersten Mal höre ich ihre Stimme. Was mich meist überrascht, ist, daß mein Sohn, der nie ein Buch liest, mir völlig ruhig bestätigt, als ob es die offensichtlichste Sache der Welt wäre, daß das, was ich höre, die wirklichen Stimmen entfernter Menschen sind. Ich frage mich, wie er so etwas sagen kann, aber die Tatsache, daß mein Sohn es sagt, als ob es die offensichtlichste und überzeugendste Sache der Welt wäre, ist einer der Gründe für meine unendliche Liebe zu ihm, der sich schon an einem Punkt befand, zu dem ich mich von weither erst aufmachte. Als Kind habe ich mich vor meinem Vater zu jenem Punkt aufgemacht, an dem man versteht, daß alles anders ist *und daß die Wirklichkeit in der Wahrnehmung dieser Verschiedenheit besteht*; jetzt mache ich mich mit meinem Sohn zu jenem Punkt auf, wo man versteht, daß alles anders ist, und daß die Wirklichkeit in der Wahrnehmung dieser Verschiedenheit besteht. Alle Wahrheit meiner Existenz, denke ich, alle Wahrheit der Existenz besteht in dieser ursprünglichen Szene. Wir werden zu Schauspielern unserer Existenz infolge einer Urszene, deren Anhängsel wir sind; ich, mein Sohn, wir sind die Folge einer Urszene; aus Treue zu dieser Urszene haben mein Sohn und ich sich in Darsteller der Existenz verwandelt, statt in die Rolle von Protagonisten unserer Existenz, deren Protagonisten weder mein Sohn noch ich jemals sein werden. *Ich denke, daß mein Sohn schwach ist, wie ich schwach bin, weil nur das Fehlen unserer Kraft es uns erlaubt, nach der Wahrheit unseres Scheins zu streben*. Ich glaube, daß mein Sohn und ich dieses unser Theater einrichten, das – wie übrigens jedes Theater – ein Theater des Scheins ist, um unsere Schwäche zu inszenieren und unsere Schwäche gegenüber fremden und anderen Wahrheiten geltend zu machen, die Wahrheiten sind, die man nicht inszenieren kann, weil es opake Wahrheiten sind, die nichts zeigen, die nichts sehen lassen, die nichts zu verstehen geben, die aber zermalmen, unterdrücken und zerstören, die darüber hinaus keine Wahrheiten sind, die sich in sich selbst spiegeln, sondern Wahrheiten, die einzig in ihrer Zerstörungskraft bestehen; am Ende sind es einzig deshalb Wahrheiten, weil sie da sind und bestehen und man sie nicht negieren kann. Aber dies ist nicht die Wahrheit, die mein Sohn und ich auf unserer Bühne errichten; unsere Wahrheit ist gezwungenermaßen eine Wahrheit ohne physisches Gewicht, weil sie eine dargestellte Wahrheit ist, durch ihren gewaltigen Ausbruch verzögert gegenüber der Realität der Ereignisse, weil am Ende mein Sohn und ich in unserer Inszenierung der Existenz eine Wahrheit darstellen, die ohne die Barbarei der Wahrheit auskommt. Meine Wahrheit und die meines Sohnes ist schwach, weil sie nicht einmal in sich selbst besteht und folglich am Ende noch schwächer als schwach ist; mein Sohn und ich verkörpern das Fehlen jedes Besitzes, das ist es, was mein Sohn und ich verkörpern, mein Sohn und ich zeigen das, was auf den ersten Blick wie unsere Unfähigkeit aussieht, aber bei genauerem Hinsehen sich als unsere mangelnde Neigung herausstellt, eine aufgrund von Talent erworbene Wahrheit herauszustellen, als unser Widerwille gegenüber jedem Ausdruck, der sich als Zeichen eines Bestands angehäufter Haltungen lesen ließe.

Wahrheit und Irrealität

Wenn ich mich manchmal zurückwende und in meine Vergangenheit schaue, dann treffe ich keine Wahrheit, die mir gehört hätte, so wie ich übrigens keiner Wahrheit angehört habe; am Ende entdecke ich, daß das, was ich instinktiv als sicher vorausgesetzt hatte, nicht wahr ist und daß ich außerhalb einer Wahrheit gelebt habe, daß ich keinerlei Wahrheit für mich dargestellt habe, wie ich übrigens auch keinerlei Wahrheit für andere dargestellt habe; am Ende entdecke ich, wenn ich in meine Vergangenheit schaue, daß es keinerlei Wahrheit in meinem Leben gab und – was am überraschendsten ist, weil ich instinktiv das Gegenteil als sicher vorausgesetzt hatte – daß das Leben, all das zurückliegende Leben, keinerlei Bedürfnis nach Wahrheit hatte, und daß der Sinn und die Richtung der Ereignisse ohne Bedürfnis nach Wahrheit verlaufen sind, daß es nicht die Wahrheit war, die alle Ereignisse ausgelöst hat, die wir nun betrachten können, während wir den Blick rückwärts richten, zurück auf unsere vergangene Existenz. *All das, was möglicherweise geschehen konnte, ist jedesmal im Namen einer Wahrheit geschehen, und am Ende ist alles geschehen, und keinerlei Wahrheit hat Bestand gehabt*; wir schauen zurück und sehen, daß alles geschehen ist und daß es keine Spur der Wahrheit gibt in dem, was geschehen ist; auf diese Weise ist nichts Wahres geschehen, wie übrigens auch nichts Falsches geschehen ist, wir können uns nicht einmal mehr daran erinnern, ob ein Ereignis falsch oder wahr gewesen ist, wir können uns nicht einmal ein Ereignis vorstellen, das mit Wahrheit oder Falschheit zu tun hätte, es ist einfach alles geschehen. Anders als wir es uns vorgestellt hatten, hat die Wahrheit in unserer Existenz keinerlei Rolle gespielt. Das Wort »Wahrheit« hat nur unsere fürchterliche, unüberwindliche Spannung angesichts der Ereignisse unseres Lebens bezeichnet, *angesichts der Ereignisse der Existenz hatten wir das Bedürfnis, ein Wort zu erfinden, dessen Bedeutung auf der Höhe der Fürchterlichkeit der Ereignisse unserer Existenz angesiedelt wäre*. Als die Menschen gesagt haben, daß etwas wahr ist, haben sie nur die krasse Verwirrung und die Maßlosigkeit ihres Blicks auf die Ereignisse wiedergegeben, die sich vor ihren Augen abspielten. Die Anpannung ihrer Gehirne angesichts der Tatsachen und nicht etwa die Übereinstimmung zwischen ihren Gehirnen und den Tatsachen war der Ursprung der Wahrheit, die sie immer gequält hat; die Wahrheit war das Zeichen ihrer Anstrengung, sich der Ereignisse zu bemächtigen; wenn man deshalb sagt, daß am Ende etwas wahr ist, so ist das, als ob man ausriefe: dieses Ereignis gehört mir, und jetzt soll es so geschehen, wie ich will. *Die Wahrheit war nur unsere Verkündung der Ereignisse*. Aber dann verwandeln sich unser Wille, unsere Neigungen und unsere Begierden im Staub der Geschichte, den die Geschichte selbst verstreut, und es bleibt das, was geschehen ist, ohne wahr oder falsch zu sein; das ist alles, was es je gab, was aber nunmehr für niemanden mehr wahr oder falsch ist, auch wenn die Menschen aus der Macht der Gewohnheit heraus glauben, daß etwas wahr oder falsch war, ohne dann jedoch etwas bei diesen beiden Worten zu denken. Mein Sohn und ich, mein Vater und ich, mein Sohn und ich, im Moment, da ich sein Sohn zu sein scheine, haben während der Inszenierung von uns existiert, was eine Art ist, zu sagen, daß mein Vater, mein Sohn und ich *unwirklich* waren, weil wir, jeder auf seine Weise, auf die eine oder andere Weise, eine Szene ausstatten mußten, die nicht dazu da war, zu zeigen, wer wir waren, sondern dazu, daß wir nicht aus einer uns gehörigen Wirklichkeit bestehen, *daß wir die Vorführung unserer großen Abwesenheit und unserer unendlichen Verzögerung waren*, daß wir niemals in die Wirklichkeit eingetreten sind und daß wir folglich auch nie aus ihr herausgekommen sind, sondern die Darsteller einer Szene waren, in der es allein mir gelungen ist, mich meinem Sohn verständlich zu machen, und daß es die gleiche Szene ist, in der vor langer Zeit mein Vater und ich die Schauspieler waren, mein Vater, *den ich nur dank dieser Szene erinnere*; bei der Aufführung, die mein Sohn und ich vorbereiten, wenn es uns gelingt, zu *Darstellern unserer selbst zu werden, statt wir selbst zu sein oder zu sein versuchen*, ist es mir gelungen, bis zu meinem Vater vorzudringen; ich verdanke es lediglich einer Fiktion, die den einzigen genuinen Lebensabschnitt meiner Existenz ausmacht, so wie sie den einzigen Lebensabschnitt in der Existenz meines Vaters ausmacht, daß ich die Möglichkeit habe, mich an meinen Vater zu erinnern, eine Möglichkeit, die darin besteht, meinen Vater in einer Szene zu spielen, in der mein Sohn, der meinen Vater nicht gekannt hat, der zwanzig Jahre nach dem Tod meines Vaters geboren wurde, meinen Vater darstellt; in jener Szene spielen sowohl ich als auch mein Sohn meinen Vater, weshalb die Erinnerung an meinen Vater nicht die Erinnerung an meinen Vater ist, sondern eher *das Spielen meines Vaters* ist, das Nachmachen meines Vaters, den wir, mein Sohn und ich, abwechselnd spielen. Während wir unsere Szene einrichten, sprechen mein Sohn und ich niemals über meinen Vater; in Wirklichkeit dringen wir nicht zu meinem Vater vor, wir erinnern uns nicht an meinen Vater, den mein Sohn nie gekannt hat, wir dringen tatsächlich bis zu jener Szene vor, in der auch mein Vater ein Schauspieler war. Unsere Beziehungen, die Beziehungen zwischen mir und meinem Sohn, die tiefe Beziehungen sind, die Beziehungen zwischen mir und meinem Vater, die tiefe Beziehungen sind, sind alles scheinbare Beziehungen. Ich hatte keinen Vater, von dem ich sagen könnte, daß ich mich seiner im Wortsinn erinnere, genausowenig, wie ich sagen könnte, daß ich einen Sohn hätte, mit dem ich im Wortsinn kommuniziere; ich hatte keinen *Vater im Wortsinn*, genausowenig, wie ich einen *Sohn im Wortsinn* hatte; durch all meine Existenz hatte ich den Eindruck, daß sie sich außerhalb meiner Wirklichkeit im Wortsinn abgespielt hätte, die ganze Existenz meines Vaters hat sich außerhalb seiner Wirklichkeit im Wortsinn abgespielt, die Existenz meines Sohnes war seine Anstrengung, sich gegen die Wirklichkeit im Wortsinn zu verteidigen. Auf diese Weise ist der Ausgangspunkt meines Sohnes für mich der Endpunkt, um dort zu beginnen, wo mein Vater in meiner Erinnerung auftaucht. Wo wir alle noch niemals waren, dort wo mein Vater nicht war, wo mein Sohn nicht war und auch ich nicht war, aus dieser zusammengefügten Beziehung von Abwesenheiten stammt unsere Urszene her, in der mein Vater dank der Tatsache existiert, daß mein Sohn und ich Darsteller dieser Szene sind, daß wir übrigens nicht existieren, wenn wir nicht zu der Interpretation vorstoßen, die mein Vater von dieser Szene gab, welcher der Darsteller dieser Szene war, die man nicht beschreiben kann, weil es die unbeschreibliche Inszenierung von uns selbst ist, angesichts einer nicht darstellbaren Wirklichkeit, die immer geschieden von uns blieb, wir, die wir während unserer ganzen Existenz hindurch in der einzigen Haltung ausharrten, die uns gegenüber der Wirklichkeit möglich blieb, das heißt einer Haltung der poetischen Huldigung gegenüber der Wirklichkeit, die wir nicht ein einziges Mal zu beschreiben versuchten, ja die wir nicht einmal in Gedanken zu beschreiben wagten, von der jeder von uns ein bewußter und absichtsvoll huldigender Zeuge war, was so weit ging, daß jeder von uns seine Huldigung ihr gegenüber in einer Situation der Schwäche und der Ergebenheit gezeigt hat, indem er ein imaginäres Theaterstück inszenierte, das unser Ersatz für die Wirklichkeit des Lebens war, von der wir uns vernommen fühlten, jeder auf seine Weise, und als Darsteller angesehen wurden, die das Theater ihrer Existenz an Stelle ihrer *wirklichen* Stellung in der Realität aufführen. Jeder von uns hat an die Realität des Lebens gedacht, die ihn umgab, während er sein imaginäres Theater inszenierte, jeder von uns hat sich mit seinem Theater der Erscheinungen auf den Platz bezogen, den jeder von uns in der Realität hatte, ohne ihr allerdings im wörtlichen oder authentischen Sinn anzugehören; jeder von uns, als er das Stück inszeniert hat, in dem nur ich mich an meinen Vater erinnern kann, in dem nur ich mich an meinen Sohn erinnern kann, einzig in dem Stück, in dem ich alles mögliche wahrzunehmen fühle, alles was menschenmöglich existieren kann, sofern ich mich in einer Szene befinde, in der auch mein Vater und mein Sohn spielen; jeder von uns hat sich auf diesen Platz bezogen, als er sich selbst in Szene gesetzt hat, das heißt, als er eine Geste oder einen Laut statt einer Behauptung hervorgebracht hat, jeder von uns, als er seiner vielschichtigen Physiognomie Ausdruck verliehen hat und damit Einzug in die Existenz hielt, jeder von uns, ich, mein Vater, mein Sohn. Kein Angehöriger unserer Familie war im

Wortsinn authentisch. Mein Vater war ein anarchistischer Maler, der, von außen betrachtet und unter Verwendung der wörtlichen Sprache der neidischen Personen, die fest in der Realität und in den Institutionen verankert sind, als Person ohne Charakter bezeichnet werden kann, bezeichnet hätte werden können, um nicht zu sagen: als unzuverlässige Person. Doch mein Vater hatte die Auseinandersetzung mit der buchstäblichen Realität der täglichen Existenz verweigert, wo er unvermeidlicherweise dem Mißverständnis ausgesetzt war, was die Ursache seiner täglichen Unzufriedenheit war und alle Personen dazu einlud, sich nirgendwo anders als im Theater der Existenz zu treffen, in dem alle Menschen zu Darstellern ihrer selbst werden, ihre Harmonie mit sich selbst inszenieren, was sonst unmöglich wäre, sofern sie *ihre Zustimmung inszenieren, Schauspieler zu sein, die sich selbst inszenieren*. Die entscheidende Tatsache meiner Familie, ob es sich um meinem Vater, meinen Sohn oder mich handelt, ist die, daß wir uns daran gemacht haben, Schauspieler zu sein, einzig um den Zweck zu erreichen, uns zu Schauspielern zu machen, daß man sich daranmacht, Schauspieler zu werden einzig aus Liebe zur eigenen Irrealität; *der Schauspieler, die Inszenierung, das Theater sind das Aufschrecken der Macht der Realität über uns*. Die Realität, wenn man sie genau beobachtet, ruft das Bedürfnis nach seiner Erscheinung hervor, nicht ihre wörtliche Reproduktion; ich habe nicht gelernt, die Realität an sich anzuschauen, ich habe sie auf dem Gesicht meines Vaters gelernt, auf seinem Gesicht, in seinem Blick, jeder hat auf seine Weise gelernt, auf einem geliebten Gesicht die Realität zu lesen; und so hat für mich, wie für alle anderen, in der Realität zu sein bedeutet, sie als Schauspieler zu begleiten, die eine Inszenierung ins Werk setzen und sie nicht reproduzieren. Der Tod hingegen ist das direkte Hereinbrechen der Realität durch die Abwesenheit eines Blicks. Als mein Vater starb und ich ein Kind im Alter von zwölf Jahren war – »armer Junge«, sagte der Hals-Nasen-Ohrenarzt zu mir – gab es kein Theater mehr, für eine Weile gab es kein Theater mehr für mich, und aus dieser Zeit stammen meine Fiktionen und Nachahmungen, die mich zu meinem jetzigen Beruf geführt haben, ohne über ein Theater zu verfügen, auf dem ich sie darstellen könnte; ich hatte meinen Vater nicht mehr, was bedeutete, daß ich sein Theater nicht mehr hatte, das auch mein Theater war; für eine Weile, das ist die Wahrheit meiner Existenz, hatte ich mein Theater verloren. Von da an gab es für eine lange Zeit meiner Existenz eine Realität ohne Wahrheit; für eine Weile gab es wirklich die Realität ohne eine Wahrheit dieser Realität für mich, weil sie von da an für mich *die Realität ohne die Kunst der Wahrheit* war.

Wenn wir eine Sache tun, irgendeine Sache tun, dann hat diese wahrnehmbare Züge, die es erlauben, sie zu sehen, anzufassen oder zu hören; eine Unterrichtsstunde in der Schule ist etwas, was man sieht, was man hört und was man wahrnimmt, so wie ein Schauspiel im Theater. Aber dann ist das, was wir machen oder sehen, was wir ablaufen hören, über die Zeichen hinaus, dank derer wir sie wahrnehmen, durch einen Rhythmus gekennzeichnet, der grundlegender ist als der *grundlegende Rhythmus unserer eigenen Existenz*, und dies ist etwas, das sich nicht mit Farben, Geschmack, Klängen und Grundbewegungen beschreiben läßt und das die unbeschreibbare Voraussetzung all dessen ist, was wir tun. *Man sollte nichts anderes beschreiben als diesen Rhythmus unseres Lebens, der die Kadenz der vorsprachlichen Themen unserer Existenz selbst ist und der sich am Ende wie ein Schicksal enthüllt, das sich aber nie beschreiben läßt.* Dieses Zentrum unserer Existenz, das nie zum Objekt einer Beschreibung wird, ist die Ursprungsszene, aus der wir herstammen; es ist die Absicht eines Blicks, der nicht das Bild eines bestimmten Blicks ist, es ist die Bedeutung einer bestimmten Haltung, einer Geste, die nicht der wörtliche Ausdruck dieser Haltung oder dieser Geste ist. Dies sind die Dinge, die sich zuweilen zeigen, ohne daß wir sie deshalb beschreiben könnten, sie sind ohne Farbe und ohne Konturen, sie sind die Antwort, die sie auf ihren eigenen Wunsch hin geben, dieser Blick, diese Intonation, diese Geste und diese Haltung sind der Drang der Existenz selbst, auf den sie antworten, durch die wir antworten, indem wir unserem Körper, unserer Psyche, unseren Gedanken und unserer Stimme

Gestalt verleihen. Was sagen unser Körper, unsere Psyche, unsere Gedanken, was sagt unsere Stimme? Sie sagen sich selbst, wir kennen sie nicht und können sie nicht beschreiben, aber wir erkennen sie wieder, ohne sie jedoch wörtlich sagen zu können; wir erkennen sie wieder als die Antworten, die jeder von ihnen der Eile gegeben hat, die ihre Existenz durchrüttelt wie ein unterirdischer und unausdrückbarer Rhythmus. Sie sagen sich selbst und in diesem Sich-Selbst-Sagen eines jeden Menschen liegt der unterdrückte Schrei der Einsamkeit eines jeden, ohne daß es ihm gelänge, dies für sich selbst und von sich selbst auszudrücken. An einem gewissen Punkt gelingt es niemandem, jemand anderen zu treffen, jeder bleibt allein, am Ende scheint jeder allein geblieben zu sein, jedes Mal an irgendeinem Punkt und zu irgendeinem Moment scheint uns, daß wir – gleichgültig ob zu Recht oder zu Unrecht – dort sind, wo wir geblieben waren. Früher oder später kommt dieser Moment, in dem es einem Menschen erscheint, als ob er dort geblieben sei, von wo er sich nie entfernt hat, es erscheint uns, als ob wir durch uns selbst existiert haben, und alles in allem sind wir nicht einmal das Opfer von jemandem geworden, sondern nur von uns selbst; am Ende sind wir einfach das, was wir sind, das heißt unsere Einsamkeit angesichts einer Realität, der wir uns nie annähern konnten, die wir nie beschreiben konnten, die wir nie entziffern konnten und die wir vor allem nie mit einem Bild oder einer Darstellung von uns identifizieren konnten und die auch die unfaßbare Realität unserer selbst ist. Am Ende verstehen wir, daß jenes Übel, das da draußen war, Teil des Übels ist, das wir selbst darstellen. Wahrscheinlich ist die *Erkenntnis* aus diesem Grund die größte Enttäuschung unseres Lebens, weil jede Erkenntnis, entgegen unseren Erwartungen, uns früher oder später zu dem Übel zurückführt, das uns vertraut ist, und wahrscheinlich lieben wir aus diesem Grund die Personen, solange wir sie nicht kennenlernen; aus diesem Grund sprechen wir mit den Personen, und am Ende wird uns klar, daß wir sie durch die Unterhaltung kennengelernt haben und wir nicht mehr mit ihnen sprechen können, aus diesem Grund kommunizieren wir idealerweise nur mit Unbekannten, mit Menschen aus entfernten Ländern, und am Ende verbietet uns die Kenntnis der uns teuersten und von uns am meisten geliebten Person, sie so zu lieben, wie wir es ohne jene Kenntnis getan haben, weil wir jetzt das Echo ihrer Astralstimme verloren haben. Jeder muß sich seine Geschichte neu erfinden, um sich mit seiner Geschichte zu versöhnen, jeder muß sich jedesmal eine neue Projektion seines Nervensystems bereithalten, um sich, mit dem Ziel des Überlebens, von neuem fremd zu werden, wodurch er zur gleichen Zeit auch alle anderen überleben läßt. Entscheidend war, daß wir es nicht selbst entschieden haben, daß wir auf die Welt kommen; von Anfang an konnten wir diesen Gedanken nicht neutralisieren, wir konnten keinen besseren Gedanken aus ihm machen als eine einfache Verurteilung; ich sehe meinen Sohn an, und mir wird bewußt, daß sein Gesicht im Grunde nichts anderes aussagt als dies; sein Blick ist nichts anderes als die Wiederholung dieser Urtatsache seines Lebens, und sie ist für ihn wie für alle anderen die Voraussetzung, auf der das Schmerzzentrum seiner Existenz aufgebaut ist. Wir haben es nicht selbst entschieden, daß wir auf die Welt kommen, wir haben uns nicht selbst hierher gerufen, wo wir jetzt sind, und dies ist das Zentrum unseres radikalen Übels, denn jeder von uns ist von Anfang an mit sich selbst, bevor er mit anderen zusammen ist, eine für sich selbst fremde Realität, und so wird ein Mensch von Anfang an von seinem eigenen Gewicht erdrückt. *Nicht in dieser Realität konnten oder wollten wir andere kennenlernen, wir haben sie anderswo als in ihrer Realität gesucht, anders als in ihrer Realität*; es war nicht in der Realität, wo ich meinen Sohn kennenlernen konnte, weil ich am Ende nicht in der Lage war, das Stöhnen seiner Verzweiflung und seiner Einsamkeit zu ertragen, und auch mein Vater war nichts anderes als das Lamento über das Unverständnis, als dessen Opfer er sich zeitlebens ansah, und ich war nicht in der Lage, ihm zu helfen, ihn zu ertragen und nicht einmal, ihn so zu erinnern; übrigens ist niemand dazu in der Lage, und aus diesem Grund überschütten die Menschen ihre Kinder mit Geschenken und Geld, weil sie vor der Idee erschrocken sind, sie kennenzulernen, so erschrocken wie angesichts der Idee, eines Tages, plötzlich, den Schrei ihrer Verzweiflung zu hören, denn am Ende tun wir Tag für Tag nichts anderes, als Kompromisse mit ihrer Verzweiflung schließen. Aus diesem Grund auch verändern wir unsere Vergangenheit, wir erfinden sie neu, um sie bewohnbar zu machen, um nicht dauernd vor uns und von all dem, was zu uns gehörte, weglaufen zu müssen. Wir erfinden alles neu, wir machen alles jeden Tag neu, jede Minute, wir skandieren jeden Moment unseres Lebens auf Basis der Variationen und Erfindungen unseres Blutdrucks, und alles bleibt danach unverändert, und am Ende entdecken wir, daß wir immer diejenigen waren, die wir immer gewesen sind, daß wir die einfache Konsequenz unserer selbst sind. Aus diesem Grund habe ich meinen Vater dort gesucht und erinnert, wo er sich nicht wirklich befand, aus diesem Grund habe ich meinen Sohn in der Irrealität seiner Inszenierung gesucht, *jeder von uns hat sich durch die Irrealität des anderen inspiriert*, mein Vater durch mich, ich durch meinen Sohn, mein Sohn durch mich; jeder von uns hat zum anderen irreale Beziehungen aufgenommen, die in der Inszenierung stattfanden, die wir im Laufe unserer Existenz durchgeführt haben; weder jetzt, noch damals war jemals wichtig, was wir in unseren Fiktionen auf unserem Theater der Imagination dargestellt haben. Auch in diesem Fall war das, was wir getan haben, nicht wichtig, und am Ende ist es uns nicht gelungen, die Leere zu eliminieren, aber es ist immerhin eine gewisse Lebensabsicht geblieben, und in dieser Absicht gelingt es mir, mich nicht einsam zu fühlen, in dieser Geste, die mein Vater mit Mühe vor langer Zeit gemacht hat, fühle ich eine weitere Geste heranreifen, die ich an jenem Punkt beginne, an dem er aufgehört hat, ohne sie zu beenden, damit ich anfangen konnte: nach all dem konnte es auch viel schlimmer kommen, nach all dem ist es nicht so übel ausgegangen, wenn eine Geste übriggeblieben ist, die wieder aufgenommen wird, um wieder anzufangen, den Text der Zeit zu schreiben.

Der Kegel des Schattens

An wessen Stelle steht, was ich sage?

Kein Phantom, nicht einmal das schrecklichste, ist so mörderisch wie die normale Realität: wenn wir endlich der Realität begegnen. Man glaubt oft, ihr zu begegnen, es ist aber nicht die Realität, es ist wieder einmal ein Phantom, dem wir begegnen; bis wir ihr dann einmal begegnen und feststellen, daß wir nicht in der Lage sind, sie zu erzählen, zu beschreiben oder irgendwie darzustellen. Wir haben sie von Zeit zu Zeit dargestellt, wir glaubten auch, dies getan zu haben, weil wir uns inmitten unserer Qualen befanden, aber dann waren es durch unsere Qualen ausgelöste Phantome, die wir dargestellt haben. Die Realität hingegen zeigt sich in ihrem mörderischen Aspekt außerhalb der Hülle unserer Qualen, die unsere Phantome waren. Vielleicht quälen wir uns, wir rollen uns von einer Qual in die nächste zu dem Zweck, etwas erzählen zu können, bis zu dem Punkt, da wir es aus uns unbekannten oder aus uns unerschließbaren Gründen nicht mehr schaffen, persönliche Leidensgeschichten zu erfinden, nur um etwas zu erzählen zu haben, und dann sehen wir uns Teilen der Realität gegenüber, die keinen Antrieb zum Erzählen, Beschreiben und Darstellen hervorrufen, weil sie eher das Ende jeder Beschreibung, jeder Darstellung, jeder Erzählung markieren. Wie ein präziser Einschnitt bekräftigen sie das Ende jeder Erzählung, ja bereits den bloßen Versuch hierzu. Auf diese Weise begegnen Kinder zuweilen der Realität wie einem enormen Stillstand, der sie umgibt und der sie sich fern von allem wähnen läßt; und in jenen Momenten entwickeln sie die Keime der Haltung, die sie als Erwachsene zu Protagonisten der Depression machen wird.

Die lautlose, gefühllose Welt ist aus Dingen gemacht, die in der Ferne festgelegt wurden, in der der Begriff der unabhängigen Realität mit dem Tod selbst zusammenfällt. Alle Kinder, das eine mehr, das andere weniger, haben in diese öde, ausgelöschte, starre Ferne geblickt, und es war diese Begegnung mit der durch Rationalisierungen unvermittelten Realität, die von Zeit zu Zeit die Erzählung unterbrochen hat, in die die Erwachsenen die Welt, die sie umgibt, gern wieder einwickeln würden wie in eine Hülle. Der Bericht, die Erzählung der Erwachsenen, wird laufend zerteilt und unterbrochen von Leerstellen, die Einbrüche der nicht berechnenden Blicke sind, mit denen wir zuweilen während der Kindheit alles angeschaut haben, was uns umgab. Die Kinder erzählen, erfinden Geschichten und Märchen, und indem sie sich diese auch erzählen lassen, beweisen sie, daß sie zwischen Realität und Fiktion sehr gut unterscheiden können. Was ändert sich in der Existenz der Erwachsenen? Es verändert sich die Fähigkeit, der großen Teilung in Realität und Fiktion zu widerstehen; man würde jetzt gern alles in Richtung auf letztere verschieben; je weiter man voranschreitet, desto weniger ist man bereit, die Existenz zwischen Realität und Fiktion auszubalancieren. Man verlangt von der Fiktion alles, weil weniger Lebenskräfte vorhanden sind, die dieser großen Teilung widerstehen. Um zu überleben, muß man erfinden, man muß laufend erfinden, jeden Tag muß man das Leben aufs neue erfinden, um die unheilvollsten Konsequenzen in der Abenddämmerung desselben Tages zu vermeiden. Seit unserer Kindheit ist diese unveränderliche und ausgelöschte Realität vor uns immer die gleiche geblieben; sie heißt Realität, weil sie genau so ist. Und wir sind all das, was wir gewesen sind und was wir immer noch sind, aufgrund des Ungleichgewichts zwischen einer Realität, die *uns keinen Vorschlag macht, was wir tun könnten* und uns selbst, die wir etwas tun müssen, um die Plausibilität unserer Existenz zu rechtfertigen. Es handelt sich nicht darum, Philosophie zu treiben, zum Beispiel mit Argumenten unseren Staat zu rechtfertigen; es handelt sich vielmehr darum, zu sein, es fertigzubringen zu sein. Die Menschen glauben, daß das wesentliche Problem das der *Erkenntnis* sei, während ihr wirkliches Problem das ihrer *Konsistenz* ist: den Mut zu haben zu sein und die Kraft zu bestehen. Die Menschen suchen das, was sie zu ihrem Sein brauchen, das was man braucht, um das Sein fortzusetzen; die Menschen suchen das Überleben, nicht die Erkenntnis.

Am Ende ist unser ganzes Leben die Erinnerung an Seinsweisen. Die Existenz wird auf diese Weise zum Spiegel der paradoxesten Logik; im Licht unserer Existenz, die durch den Spiegel unseres Überlebens gefiltert wurde, können die Buchstaben des Alphabets den Farben entsprechen, die Farben können moralischen Werten entsprechen, einige Unbekannte einer Gleichung können wie Freunde aussehen, während andere feindliche Einheiten sind. Die Personen können zuweilen alle gleich sein, zuweilen alle verschieden, aber in jedem Fall *alle*; und dieses »alle« ist ein weiterer Eingriff in die Logik unserer Existenz. Die Frage, die man sich immer stellen müßte, lautet: *an wessen Stelle steht, was ich sage*? und gleich danach die folgende: aufgrund welcher außergewöhnlichen Gründe bevorzuge ich immer wieder ein langweiliges Schreiben gegenüber einem lebendigen und brillanten? Diese Frage muß wichtig sein, weil wir damit beginnen, immer etwas zu tun, um das zu vermeiden, was wir schreiben müßten, statt den Kopf festzuhalten und ihn schreiben zu lassen; wir lassen uns von unserem Kopf schreiben, der auf eigene Rechnung weitermacht, und wir bleiben immer außerhalb des Elements, das wir nicht kennen und das wir deshalb für das Symptom dessen halten, das am wichtigsten in unserem Leben ist. Wer nicht schreibt, schreibt nicht, und damit hat es sich; wer nicht spricht, spricht nicht, und damit hat es sich; wer aber schreibt und spricht, wer erzählt, ist für sich selbst das dauernde Symptom von etwas Versäumtem. Warum eigentlich schreiben und sprechen? Auch die Musik ist offensichtlich eine Art zu denken; auch Filme zu machen, ist eine Art zu denken. Heute kommt es vor, daß jemand, der Musik komponiert, früher oder später das Bedürfnis verspürt, in der normalen gesprochenen oder geschriebenen Sprache die Bedeutung der Musik darzulegen, zu explizieren, nochmals zu erklären: zumindest wird er schreiben, um sein Leben und seine musikalische Karriere zu erzählen. Aber es gibt keinen Schriftsteller, der an einem bestimmten Punkt das Bedürfnis empfindet, sein literarisches Werk in einer Musikpartitur neu zu schreiben. Es ist natürlich banal zu beobachten, daß alle eine Sprache lernen und nur wenige es lernen, Musik zu komponieren; tatsächlich jedoch spürt kein Schriftsteller das Bedürfnis, sich selbst in einer Partitur zu erklären, wie es hingegen der Musiker macht, der gleichzeitig schreibt, der Film- und Theaterregisseur, der gleichzeitig schreibt, der Architekt, der schreibt, etc. etc. Offenbar tun dies alle, weil die natürliche Sprache als universelles Mittel der Kommunikation erscheint, in der ein jeder in Bezug auf jeden anderen transparent ist. Indem nun alle sich ihrer bedienen, riskieren sie, sich der Rationalisierung der natürlichen Sprache auszusetzen, die so vertraut wie einengend ist, und sie ist von dem Moment an einengend, da sie von der Vertautheit herkommt, die immer eine Einengung ist.

Diese ganze Selbstdarstellung in der Sprache ist eine Flucht aus einer Realität, die uns von Kindesbeinen an aus der Ferne anblickt und die nie davon abgelassen hat, aus der Ferne zu schauen und sich bemerkbar zu machen. An dieser Realität liegt es, daß der Begriff des Lebens, der in den gewöhnlichsten Situationen, in den verschiedensten Zusammenhängen verwendet wird, so schwierig zu bestimmen ist. Was also ist das Leben? Die Summe der Tatsachen, die geschehen sind? Aber ist dann ein Buch der Inbegriff des Lebens? Das, woran wir uns erinnern, getan und gefühlt zu haben? Das Leben ist nicht nur Gedächtnis, und die Zusammenstellung von Ereignissen und Gefühlen hilft den Begriff auch nicht klären. Ich suche keine Definition, weil ich nicht einfach an einer Definition interessiert bin. Im übrigen hieße es, eine umgekehrte Definition zu geben, wollte man sagen, daß das Leben undefinierbar und nicht analysierbar sei. *Das Leben scheint sich darzustellen als das, was dem am nächsten kommt, was wir sind, und das uns gleichzeitig, während es das ist, was wir sind, vom innersten Punkt der Nähe zu uns überrascht.* Unser Leben ist wirklich die überraschendste Sache, die wir sind, weil es eher an eine Frage als an eine Antwort erinnert und wenn es Antworten gibt, dann sind es nicht die Antworten, nach denen wir gefragt haben. Von dem Moment an, da wir als Menschen, Leute, Personen lebendig sind, wie unterscheidet man da den Begriff eines anderen Menschen, irgendeines Menschen, vom Leben? Warum treffen wir diese Unterscheidung? Wie unterscheide ich den Begriff des Lebens von dem eines Gesprächspartners? Und doch fühlen wir die Erfordernis, diese Unterscheidung aufrechtzuerhalten. Die Unterscheidung ist die, daß ein Gesprächspartner ein Subjekt der Sprache ist, ein Protagonist von Fragen, die schon in Gang gesetzt und auf die Antworten ausgerichtet sind, *während der Begriff des Lebens eine Sprache ist, die sich selbst in etwas sucht, was nicht Sprache ist, die eine Differenz ist, eine Abweichung, ein Blicken aus der Ferne, das dann plötzlich aufprallt, ohne je vermutet oder benannt worden zu sein.* Aus diesem Schatten, der die Sprache im Fluß des Lebens begleitet, entstehen einige Tatsachen von enormer Wichtigkeit für unsere Existenz, wie die Erschütterung durch die ersten sexuellen Erfahrungen (bevor diese rationalisiert werden), die Schrecken und Ängste, die in einer unvorhergesehenen Konstellation von Erscheinungen bestehen, die die Basis der *Thriller* und der Kriminalfilme ausmacht, das Alter, die Krankheiten, das Durchlaufen von Stadien, ohne sich dieser bewußt zu sein, das Neue zuerst nicht begreifend, aber auch nicht mehr verstehend, wie man im Alten zurechtkam; zuweilen das Leben im Abgrund zwischen beiden Stadien, was der Zustand des radikalen Nichtverstehens ist.

Die Überlagerung dieser Spannungen, die sich bald ausdehnen, bald zusammenziehen, die sich mit einem gewissen Tempo fortbewegen, bis zum Schnellerwerden, um die großen Veränderungen des Lebens zu ködern (und hier erheben sich die Wogen unserer Sprache, branden Worte wie »Reife«, »Erfahrung«,

»Mut«, »Wert«, »Charakter« und ähnliche), bringen unsere Sprache immer in Schwierigkeiten; jedes Mal ist es so, als ob unsere Sprache in Schwierigkeiten wäre. Und die Schwierigkeit liegt in der Beziehung zwischen allen Bestandteilen, die sich wirbelartig im Element des Lebens zu drehen scheinen, genauer gesagt, im Leben als menschlicher Existenz. Aber ist es jetzt nicht gerade diese Beziehung, die verdächtig ist? Zeigt nicht der sprachliche Ausdruck Sprünge, Lücken und Risse in demselben Gewebe, in das er das Leben der Menschen repräsentativ integrieren möchte? Ist es nicht die Sprache, die in ihrem Innersten die eigene Unfähigkeit in den Begriffen einer Rationalisierung offenbart, die ein verblaßtes, verschwommenes Bild der Kräfte liefert, die im Spiel sind? Der Punkt ist der: die Sprache offenbart aufgrund ihrer eigenen Rückschläge in ihrem Innersten jedesmal, daß sie nicht vorbereitet ist auf die krassen Veränderungen der Existenz. Die Sprache hat zuviel Transparenz und geradlinige Konsequenz; die Existenz hat zuviel Undurchsichtigkeit und eine enorme Vielzahl von logisch unvorhergesehenen Sprüngen. Mit der Existenz verhält es sich so wie mit einem nächtlichen Spaziergang, bei dem es genügend Sternenlicht gibt, um zu wissen, daß man etwas sehen kann, wenn es da ist, das aber nicht ausreicht, um Gesichtszüge im Dunkel zu erkennen, weshalb man den Versuch in einem anderen Licht durchführen möchte. Die Schwierigkeit von Sprache und der Umstand, daß sie die Quelle von Illusionen und Entstellungen ist, entspringt der Tatsache, daß sie dort eine Zergliederung in logisch geordnete Schritte erwartet, wo die Existenz hingegen ebensoviele Wendungen und Entscheidungsmomente bereithält, die eher der Muskelkoordination eines Tiers ähneln. Die Sprache versucht, die Existenz mit dem *Medium* der logisch-analytischen Transparenz darzustellen, die eine Ansammlung von szenischen Elementen ist. Aber eine Szene ist eben eine Szene, das heißt eine Überraschung der Zeichen, wo die Logik weiß, wo sie ihren Platz hat und auf die Abwesenheit jeglicher Überraschung eingerichtet ist. Ist es vielleicht nicht so, daß die Logik wahr ist, insofern ich sie eben nie verifizieren kann?

Die Erfahrung der Inkommensurabilität der Erfordernisse der logisch ausgerichteten Sprache im Vergleich mit den intransitiven Entscheidungen, durch die sich hingegen das menschliche Leben vollzieht, ist eine der intellektuellen Qualen, die bis zur Erschütterung führt. Aber fahren die Menschen im Laufe ihrer Existenz nicht fort, die Sprache zu verwenden? Sicher, aber die logisch geordneten linguistischen Erkenntnisse sind nur zu *den Namen* der Prozesse geworden, die sich im Element der Existenz in ganz anderer Art abspielen, das heißt wie *lebendige Gewißheiten* statt logischer Gewißheiten. Die Kinder fragen öfter nach dem Warum im Vergleich zu den Erwachsenen, vielleicht weil sie in krasser Weise die Spannung zwischen Realität und Fiktion erleben, zwischen Welt und Märchen, vielleicht weil sie aufgrund all dessen erbitterte Rationalisierungsdenker sind. Was die Geduld der Kinder hauptsächlich auf die Probe stellt, ist der Umstand, daß sie meistens, um nicht zu sagen immer, unbefriedigende Antworten auf ihre dringenden Fragen erhalten. Was sich in dieser Beziehung zwischen einem Kind und einem Erwachsenen abspielt, ist paradox: das Kind fragt nach dem *Warum* aus einem Bedürfnis nach Klarheit heraus, die es wie eine glänzende Klarheit verlangt, vollständig transparent; der Erwachsene gibt ihm Antworten, von denen er glaubt, es seien *Gründe* (womöglich aus dem einzigen Grund, daß er ihm schließlich »antwortet«?!), aber das Kind ahnt, die Unzulänglichkeit dieser Gründe bemerkend, daß der Erwachsene ihm an Stelle von Gründen Namen von Beziehungen gibt, die logisch gesehen unzureichend sind. Werden wir sagen, daß der Erwachsene auf Seiten der Existenz und des vitalen Elements steht, weil seine Erklärungen undurchsichtig und nur die *Namen* von außerlogischen Verbindungen sind? Oder vielmehr das Kind, das mehr verlangt, das mehr einfordert und folglich hauptsächlich die Existenz begreifen will und das, was ihm als ihre Perversion erscheint – steht es folglich auf Seiten der Existenz, auf Seiten des Respekts vor der Wahrheit der Existenz? Der Erwachsene übersetzt meistens schlecht; das heißt, insofern er die Sprache benutzt, glaubt er damit, den Formen der Existenz durch seine Antworten eine syntaktische und formale Struktur geben zu können, deren Verlauf jedoch paradox, manchmal geradezu pervers sein kann, die aber in jedem Fall ein Szenario in ständiger Verwandlung ist. Die Ohnmacht seiner Antworten liefert nur eine nominalistische Lösung, die das Kind (wie der Verrückte) wittert und zurückweist. Das Kind ist sich der syntaktischen Geschlossenheit der Sprache nicht bewußt, es fragt und fragt immer wieder in einer Sprache, in die es übermäßiges Vertrauen legt, deren Beschränkungen es ignoriert. Aber am Ende gibt es noch Hoffnung für das Kind, weil es zumindest immer weiterfragt. Der andere, der Erwachsene, ist in seinen Antworten schon tot.

Die Scham und der Zusammenbruch der Person

Der große bedeutsame Umstand ist der, daß jede *Unvernünftigkeit* der Ausdruck eines eindrucksvollen existentiellen Phänomens ist. Jede unbefriedigende Antwort, bevor sie ein Irrtum oder ein logischer Fehler ist, ist das Zeugnis der Treue eines Menschen zu einem Merkmal, zu einer Szene seiner Existenz, die für ihn unverzichtbar ist. Den Gesprächspartner, der die logische Sprache spricht und der die Rationalisierung anstrebt, treibt es fast bis zur Erbitterung, aber der andere, der auf einem Punkt beharrt, der formal gesehen eben unvernünftig ist, enthüllt eine rührende Anhänglichkeit an einen warmen Kern seiner Existenz, ohne den er nicht leben könnte. Er weiß, daß er in den Augen seines Gesprächspartners unbefriedigend ist, aus dem Augenwinkel spricht es zu ihm, aber er bleibt hart, weil er nicht bereit ist, seine Existenz, von der er beschrieben ist, um einer Huldigung an die Vernunft willen aufzugeben. Seine Inkohärenz und die Inkonsequenz seiner Antworten entsprechen dem, was sich ihm am Ende als *somatische Wahrheit* darstellt, die sich in seiner Person eingerichtet hat. Er spricht nicht die Wahrheit, vielmehr hat eine Unwahrheit in ihm Gestalt angenommen, als ob sie eine Wahrheit wäre. Da die Dinge so liegen, spricht er naturgemäß nicht die Wahrheit aus, er ist vielmehr auf direkte und unmittelbare Weise *seine Wahrheit*, von dem Moment an, da die Unwahrheit seine Daseinsart ist, sind es der Gang seines Atems, das Zittern seiner Brust, die ohnmächtige Energie, die wissen, eine Unwahrheit zu sein, um am Ende eine Wahrheit zu sein. Wenn er nicht Opfer seiner Unmittelbarkeit wäre, müßte er sich die Frage stellen: »Anstelle wovon sage ich, was ich sage?« Aber naturgemäß wäre er, wenn er sich eine solche Frage stellen könnte, eine Person, die sich schon auf dem Weg der eigenen Befreiung befände, statt von einer unerträglichen Wahrheit erschöpft zu sein, an Stelle derer er ein falsches Substrat gesetzt hat, eine falsche Substanz, welche die Schattenregion ausweitet und die es ihm erlaubt, das zu übersehen, was er nicht ertragen könnte. Dies ist seine unmittelbare Wahrheit, die außerdem die Unwahrheit ist, in der seine einzige Überlebensmöglichkeit verborgen liegt. Die Personen, die sich so verhalten, und dies tun fast alle, wählen anstelle des Weges der Realität einzig *den Weg der Erkenntnis*. Auch wenn es gerade die Angst vor dem Zusammenbruch ihrer Realität ist, die sie zur Wahl des *Wegs der Erkenntnis* führt, so als ob ihre Probleme von der besten oder angemessensten Art und Weise des Wissens um »das Geheimnis des eigenen Lebens«, um das Wesen ihrer eigenen Persönlichkeit abhingen, statt von der Sorge um die eigene persönliche Grundlage, von der sie, wie sich herausstellt, tatsächlich abhängen, folglich von einem Problem der Realität und des Überlebens ihrer Personen. Die Realität, die nie aufgehört hat, sie zu fixieren, ist in ihren Augen die Verkörperung ihrer eigenen Schwäche; die Realität ist in ihren Augen sogar die Drohung der eigenen Auflösung. Wenn sie hinter dem Schattenriß die Realität ahnen, von der sie fixiert sind, sehen sie in dieser Realität das Schicksal ihrer Auslöschung. Sie verlassen oder besser, sie weisen die Konfrontation mit der Realität zurück, und sie machen sich auf den Weg der Erkenntnis, was ein Ersatzproblem für die Realität ist, die schon immer auf die Begegnung wartet.

Die Begegnung wird verschoben; sie denken, daß die Begegnung eine tödliche Begegnung sei; derart tödlich, denken sie, daß sie nicht einmal stattfinden könne, weil sie sie sich als *zerstö-*

rerische Begegnung ihrer Existenz vorstellen. Die Existenz ist tatsächlich die Geschichte der Wechselfälle der Begegnung mit einer gefürchteten Realität, aber sie stellen sich eine Begegnung mit der Realität als zerstörerisches Ereignis der Realität ihrer Person vor. Die Haltung der Erkenntnis ist ein Ersatz für die Begegnung mit der eigenen Realität. Die Erkenntnis ist kein Prozeß von direkten Fragen, um die Realität zu betrachten und zu treffen, von der wir immer fixiert wurden, ohne daß wir sie je gesehen hätten; eher ist es eine Art, die Realität auszutreiben, indem an ihre Stelle das Problem ihres eigenen Bildes gesetzt wird, das Warum ihres eigenen Charakters und die eingebildete Verbindung, wie wir uns und den anderen auf der Basis einer unterstellten äußeren korrespondierenden Grundlage erscheinen. Indem der Weg der Erkenntnis, der Stil der kognitiven Fragen eingeschlagen wird, suchen wir außerhalb von uns eine Bestätigung des Bilds, das wir von uns gemacht haben. *Und auf diese Weise machen wir uns durch die sogenannten Probleme der Erkenntnis auf die Suche nach dem Duplikat unseres Bildes, indem wir die Realität verlassen, die uns übrigens nie verlassen und nie vergessen wird.* Wir machen uns also auf die Suche nach einer gefälschten Realität, von der wir dann sagen, daß wir sie gekannt haben, um die Begegnung mit einer Realität zu verschieben und zu verzögern, die nicht aus dem Bild besteht und niemals aus ihm bestehen wird, das wir suchen, wir, die wir uns aus Feigheit in Erkenntnissuchende verwandelt haben.

Wir schreiben, sprechen und denken oft, um eine Begegnung zu verschieben, die der Blick einer ebenso geduldigen wie unbeugsamen Realität seit jeher mit uns vereinbart hat. Wir ergeben uns der Erkenntnis, um nicht in unser Schicksal zurückzukehren, das ohne diese Begegnung ein Schicksal begleitet von Übelkeit, Verdauungsstörungen, Röte, Zittern und Schweiß sein wird, während wir uns den Hals ausrenken, um unnütze Worte in die Luft zu schleudern. Wir, die wir unnütze Worte in die Luft schleudern, um das Schweigen unserer Realität, das wir nicht hören wollen, zu unterdrücken, wir, die wir uns in unserer Eigenschaft als Gesprächspartner aus Feigheit ausschließlich in ebensoviele Gesprächspartner verwandelt haben. Natürlich läßt der Verzicht auf die sogenannten Praktiken der Erkenntnis und auf das Geschwätz wenig Raum für uns, so wie wir sind, so wie wir bis zum Punkt dieses unseligen Wiedererkennens aufgetreten sind. Dann werden Erkenntnis und Sprache in Zweifel gezogen, dann wird mit ihnen Schluß gemacht, und es scheint uns, daß wir sterben, und da sterben auch alle anderen. Ist diese Extremsituation einmal erreicht, an der äußersten und tödlichen Grenze, an der der übliche Gebrauch der Sprache und die Praktiken der Erkenntnis als von Angst und Feigheit geleitete Ablenkungsmanöver erscheinen, verblassen die Bilder aller Menschen, die um uns herum die Luft mit ihren Worten aufgewirbelt haben, um genauso wie wir vom selben Ort zu fliehen, an dem wir es nicht gewagt haben zu schauen. Es verfallen die Antworten, die wir gegeben haben, es verfallen die Antworten, die wir erhalten haben, aber damit verfallen auch unsere Fragen, *die meist keine Fragen waren, sondern Antworten mit dem Anschein, Fragen zu sein, um ernsthafte Fragen zu vermeiden*. Weil die Realität keine Fragen, Untersuchungen oder kognitive Prozeduren erforderte, sondern nur *Huldigung und Poesie*, welche die Sprache ist, die endlich einmal schweigt, die bis zur Ahnung und zum Vorgefühl der Realität heranreicht, welche die Worte zusammenschnüren so wie der Schmerz einen Knoten im Hals.

In dieser Extremsituation werden wir von den Folgen unserer eigenen Überflüssigkeit heimgesucht. Und aus diesem Grund werden derjenige, der sich dem Beweis seiner Realität aussetzt, statt zu schwatzen und Prozeduren der Erkenntnis anzuzetteln und deshalb schweigt, und derjenige, der sich der Extremsituation *der Poesie aussetzt, welche die Worte für einen Akt der Huldigung an die Realität opfert*, statt zu schwatzen und Prozeduren der Erkenntnis anzuzetteln, und derjenige, der schreibt, der Dichter, sich wegen ihrer unvergleichlichen Überflüssigkeit in der Welt und aufgrund ihrer Schwäche schuldig fühlen. Dies ist das harte Schicksal, das diejenigen erleiden, die mehr wollen oder etwas anderes, als man normalerweise verlangen kann. Nur derjenige, der der Realität so gegenübertritt wie jemand, der einen Blick in den Abgrund des Schicksals getan hat, aus dem er herstammt, und das sich durch seine Entdeckung vollendet, entdeckt in sich selbst statt der *Last* der Eroberung und des Eigentums *den poetischen Körper der Person, die zum Zeugnis der Huldigung an die Realität wird, die einfach da ist*, der Huldigung an eine ungeahnte Maßlosigkeit, die durch die Unentschiedenheit hervorgerufen wird, mit der die Objekte und Tatsachen unserer Existenz schwanken; sie sind in sich abgegrenzt und abgeschlossen, werden zur gleichen Zeit jedoch von ihrer dauernden Unbeständigkeit getrieben, weggerissen und fortgeschwemmt.

Die Menschen, die sich mit Worten taub machen, um nicht denken zu müssen, wenn sie in die Extremsituation ihres Lebens eintauchen, fürchten die Realität mehr als alles andere, die sie mit der Scham ihrer Existenz identifizieren und folglich mit dem drohenden Zusammenbruch ihrer Person. *Die Scham der eigenen Realität ist der Schrecken vor dem Zusammenbruch der eigenen Person*. Diese Scham ist kein Abscheu, kein Schuldgefühl, keine moralische Einsicht, sie ist nicht einmal irgendein ästhetisches Gefühl des Zurückweisens. Diese Scham ist für jeden Menschen unmißverständlich der schreckliche Verdacht der eigenen Katastrophe. Für jeden Menschen bedeutet das Zugehen auf die eigene Realität, wenn das Geschwätz und die philosophischen Manöver der Erkenntnis hinter sich gelassen werden, sich der größten Gefahr auszusetzen, was die Gefahr des eigenen Zusammenbruchs heraufbeschwört. *Wenn ich ich bin, wenn ich derjenige werde, der ich wirklich bin, dann bin ich nicht mehr, dann höre ich also auf zu existieren*. Und dies ist die Antwort auf die Frage: »Anstelle wovon sage ich, was ich sage?« Die Menschen durchleben ein ganzes Leben, um die Scham auszutreiben, derer sie ihre eigene innerste und tiefste Wirklichkeit verdächtigen. Deshalb leben sie auf einer unermüdlichen, verzweifelten und unablässigen Flucht vor sich selbst, das heißt, vor der Scham über ihr eigenes Sein, die ihnen zusetzt und die sie auf ihrem zermürbenden Lauf quält. Von da an spielt sich ihre Existenz in ihrem ganzen Umfang in einer Verkleidung der Urscham ab, die versteckt werden muß, um das Überleben sicherzustellen. Das, was wir sind, so klingt es in ihrem Geist, ist unsere Schande; wir dürfen nicht *sein*, wir müssen um jeden Preis *werden*. Es ist ohne Bedeutung, was wir werden, auch wenn es vorzuziehen wäre, zu werden, was vorteilhaft ist, so müssen sie gedacht haben; das zu sein, was wir sind, ist unsere Schande, das zu werden, was wir sind, unsere gefährlichste Regression, so müssen sie gedacht haben. An diesem Punkt beginnt ein Mensch sein Projekt, das sein tragischstes genannt werden kann und das genaugenommen in dem Vorhaben besteht, sich selbst beiseite zu räumen mit dem Ziel, die Schande von der eigenen Person zu entfernen, die ihm als Zusammenbruch seines eigenen Seins erscheint. Das zu sein, was man ist, sich in dem wiederzuerkennen, was man ist, und im Einklang mit dem zu schreiben, was man ist, stellt für diesen Menschen eine Kapitulation vor dem Schicksal des eigenen unwiderruflichen Zusammenbruchs dar, der wie eine versteckte Krankheit in die Schande eingeschrieben wäre, das zu sein, was man ist. An diesem Punkt läßt der Mensch seinem tragischsten und verzweifeltsten Projekt freien Lauf; im Kerker, den er sich selbst errichtet, wird er zum Schöpfer seiner eigenen Deformation; der Mensch im Kerker, den er täglich perfektioniert, wird vor allem zum *Spezialisten der eigenen Deformation*. Der Erfolg der Initiativen, die er unternimmt, ist eine experimentelle Bestätigung der Liste der Gewalt und der Deformation, die er über seine eigene Person, über seinen eigenen Körper und über seine eigene Psyche auszuüben und die er ihnen einzuschreiben vermocht hat. Von da an besitzt er nicht mehr seinen Körper und seine Psyche, sondern er hat von diesem Moment an Körper und Psyche, die deformiert und künstlich sind, die er sich erworben hat, während er zum Spezialisten der eigenen systematischen Deformation geworden ist. Das, was man im Sinn des eigenen wirklichen Seins ist – welches vielleicht auch niemals *existiert* hat, das aber aus diesem Grund nicht weniger real ist – das, was man als eigener Ursprung ist, in dem man sich zumindest der Möglichkeit nach widerspiegeln könnte, folglich auch die intimste Beziehung zum Vater, dies sind die Objekte oder die Spuren von Objekten, die es auszuradieren, auszutreiben gilt, die nicht einmal erwähnt werden dürfen, um sodann das tragischste Projekt zu beginnen, das in der Deformation des eigenen Seins besteht. Diese ursprünglichen Objekte, die eigene Realität als ungeheures, dunkles Objekt des eigenen Seins und die ursprüngliche Beziehung zum Vater erscheinen wie Zeichen der Schwäche und des Zerfalls, die durch eine Transformation, die eine künstliche Deformation ist, ausgetrieben werden müssen.

Die Scham vor dem eigenen Sein ist die Scham, zu jener Ursprungsszene der eigenen Realität zu regredieren, die wie die Realität unseres Zusammenbruchs erscheint. Die Scham vor der eigenen Realität ist eins mit der Scham der eigenen Schwäche. Es ist, als ob man Scham verspürte, geboren zu sein, statt sich stolz rühmen zu können, von sich selbst gemacht zu sein. Wir sind schwach, weil wir geboren sind, und nicht stark, weil wir uns nicht selbst gemacht haben. Also stellen wir uns selbst künstlich her, treffen Vorsorge für unsere eigene Geburt, indem wir unsere eigene Geburt durch die Austreibung gefälschter Worte simulieren, durch die Austreibung oberflächlicher Prozeduren der Erkenntnis. Von dem Moment an, da wir uns unserer Geburt und unserer Herkunft vom Vater schämen, rühmen wir uns stattdessen unserer künstlichen Erfindung unserer selbst. Die Menschen wetteifern nicht auf dem Terrain ihrer Realität und ihrer Bemühung um Authentizität, im Gegenteil, sie wetteifern auf mörderische Weise auf der Ebene der Unwahrheiten, der Nachahmungen und der Simulationen, von denen sie wissen, daß es Unwahrheiten, Nachahmungen und Simulationen sind, von denen sie aber ebensowohl nicht wissen, daß es Unwahrheiten, Nachahmungen und Simulationen sind, sofern sie vom Verlangen geblendet sind zu simulieren. Die Menschen, die untereinander in mörderischer Weise simulieren und wetteifern können, indem sie Nachahmungen austauschen, ziehen es vor, *so zu tun, als ob* sie nicht simulieren könnten, so stark ist ihr Verlangen, sich an ihre Nachahmungen und Simulationen anzupassen, so anmaßend ist ihr Drang, sich selbst zu vergewaltigen, um von neuem in etwas wiederzuerscheinen, was verschieden ist von dem, was sie sind, nämlich ihr Sein und ihre Verletzung durch die eigene Scham.

Aber die Realität des eigenen Seins hat niemals das Terrain für einen Wettkampf zwischen den Menschen abgegeben. Was den Geist der Menschen entflammt und sie in einen mörderischen Kampf unter einander treibt, sind das Erreichen und die Bestätigung der eigenen Unwahrheiten und Nachahmungen. *Jedes Mal, da ein Mensch gegen seine eigene Realität sein wird, wird ein anderer Mensch gegen ihn sein*. Beide teilen dasselbe Urteil und dasselbe Verlangen, und hier wurzeln ihre Rivalität und ihr Kampf, der sie dazu verdammt, Duellanten für die Dauer ihrer Existenz zu sein. Von dem Moment an, da ihre eigene Realität die eigene Realität ist, die man wie die schlimmste Schande verstecken muß, nimmt jeder Mensch die Herausforderung an, »ein anderer Mensch« zu sein, *aber dieser »andere Mensch« ist auch das Objekt der universellen Begierde aller anderen Menschen, und hier entspringt der Kampf aller gegen alle*. Von dem Moment an, da sie die Spannung eines Verlangens teilen, das sich auf dasselbe Objekt richtet, welches »ein anderer Mensch« heißt, fangen die Menschen auch an, einander zu verstehen. Nur weil sie unter sich Unwahrheiten und Nachahmungen anwenden und austauschen, gelingt es den Menschen sich zu verstehen, aber ein Mensch, der eines Tages vor der eigenen Realität innehält, um sich ihr mutig und gleichzeitig ehrfurchtsvoll zu stellen, derjenige landet sofort am Rand unserer Zivilisation wie ein Opfer, das durch seine eigene Scham und durch die Schwäche des eigenen Seins tödlich verletzt ist. Ein Mensch, der anderen mitteilt, was er ist, ruft keinen Wettbewerb hervor, ein Mensch, der schreibt, was genau er ist, beginnt kein ewiges Duell mit anderen, er nimmt dadurch nicht am Rennen teil, denn das, was er hervorruft, ist lediglich Verachtung und Ablehnung, beides jedenfalls jenseits von Rivalität und Wettbewerb. Die Wahrheit des eigenen Seins und folglich die Realität des eigenen Seins, der üblichen Nachahmungen entkleidet, entflammt den Geist der Menschen bei weitem nicht so, wie ihn die Zurschaustellung der Nachahmungen und

Simulationen erregt. Nur weil es im Spiel und nicht in der Realität geschieht, fühlen sich die Menschen vom gegenseitigen Wettbewerb angezogen, der der Kampf aller gegen alle ist, die unerhörte Gewalt, die jeder früher oder später fähig ist, gegen alle anderen anzuwenden, die jeder früher oder später unausweichlich anwenden wird, wenn nur das kleinste Verlangen danach besteht.

Wir treten aus dem Lärm der Wörter heraus, wir verlassen die *linguistische Wende*, die unser Jahrhundert gekennzeichnet hat. Am Ende wurden einige Worte dazu benutzt, alle anderen Worte zum Schweigen zu bringen, die unser Leben mit Lärm erfüllt hatten. Jedes Mal war es der *poetische Ausdruck*, der die zum Geräusch mißbrauchte Sprache zum Schweigen gebracht hat, so wie sich jedesmal ein *poetischer Körper* gebildet hat, der im Schweigen die Ehrfurcht gegenüber der Realität gelebt hat. Die vom poetischen Körper ausgehauchte Sprache hat die Sprache zum Schweigen gebracht; die Sprache hat sich aufgehoben und ist zum Schweigen geworden, das in der Realität wacht, von der wir fixiert werden.

Es ist dieses Schweigen, das unsere Existenz in jenen Schattenkegel eintaucht, der das Gesicht unserer Realität ist. Es ist der blinde Fleck unserer Existenz. Es ist unser fundamentaler Bezug, und wir sagen weiter nichts, weil alles übrige dem Schweigen anvertraut wurde, das die Wörter zum Verstummen brachte. Jetzt finden wir nur in dieser Abwesenheit der Wörter den letzten Grund, der für das Sprechen und Schreiben übrig geblieben ist, wir wenden uns wieder dem blinden Fleck unserer wiedergefundenen Realität zu dank der Ausbreitung des Schweigens, das von allen Seiten unsere Existenz umgibt, weil wir von der intellektuellen Krankheit, die durch den Lärm der Wörter hervorgerufen worden war, genesen sind. Die Realität wurde wiedergefunden, nicht als Projektion unseres Nervensystems, nicht als Bild einer Erkenntnis, sondern als jene Gegenwart unserer selbst, die uns aber nicht gehört, die wir folglich zur selben Zeit wie unsere Abwesenheit ansehen, und das ist alles, was wir sagen, wenn wir sagen, daß es die Realität unseres Seins ist;

unser Sein, das schweigt, eingeholt von unserem Schweigen, das uns fatalerweise nicht gehört, das aber gleichwohl unsere Realität ist.

Wir wenden uns wieder uns zu, *und wir erkennen unsere Realität wieder als das, was jenseits unseres Schweigens liegt*. Wenn wir an diesem Punkt schreiben, schreiben wir über diese Trennung; wenn wir sprechen, sprechen wir über diese Abwesenheit. Wir erkennen uns dort wieder, wo wir nicht sind, in der Differenz, die unsere Existenz zerteilt, während wir uns nicht mehr wiedererkennen in den Bildern der Erkenntnis von uns selbst, mit denen wir uns zuvor identifiziert hatten. Dort, wo wir uns identifiziert hatten, haben wir nur die Trauer über uns selbst hervorgebracht. In den sogenannten Bildern der Erkenntnis von uns selbst haben wir uns mit einem Objekt identifiziert, das uns verlassen hat und das lediglich unsere Trauer bedeutet hat. *So schreiten Trauer und Identifikation Hand in Hand voran*. Wenn wir glauben, daß wir uns verankert haben, wenn wir den Fuß auf explizite Definitionen von uns setzen, ist es aus mit uns, weil wir von unserer Gegenwart überwältigt sind, die eine bloße Verdopplung unseres Bildes ist, in dem wir ersticken müssen wie in einem Kerker. Es ist Zeit, daß die Philosophie als ein Wissen aufhört, das uns mit etwas identifiziert, das uns in eine Definition hineinzwängt, in der wir unsere Füße nicht mehr rühren können. *Wir existieren einfach nicht in dem Bild, das uns definiert*, weil man zum Existieren Distanz von sich braucht, und weil wir ohne Distanz von uns selbst nicht den Schwung holen können, der die Bewegung unserer Existenz selbst ausmacht. Wir existieren nicht ohne unsere Abwesenheit, wir müssen sein, um zu existieren, aber wir müssen auch nicht sein, damit es uns gelingt zu existieren. Und unsere Realität ist diese Differenz, die es uns erlaubt, daß wir uns anschauen können, ohne uns mit einem festgelegten Bild zu identifizieren, in dem unsere Existenz erstickt. Nur weil wir nicht sind oder nur weil wir nicht wissen, gelingt es uns zu existieren. Ohne unsere Abwesenheit von uns selbst, die unsere Realität ist, von der wir fixiert und angeblickt werden, existieren wir einfach nicht. Ohne einen Teil von uns, der abwesend von uns ist, sind wir ohne Realität und werden zu einem nur unterstellten Bild von uns, das wir nicht sind. *Aus diesem Grund ergreifen wir im Schweigen unsere Realität, ohne sie zu besitzen*. Das Schweigen ist die Übersetzung, die uns unser Sein zurückgibt, ohne daß wir uns mit dem identifizieren, was wir ahnen können, weil das Schweigen, das die Realität filtert, ein unermeßlicher, unbegrenzter Hintergrund ist, zusammengesetzt aus unendlichen Scharen von Wesen. Aus all diesen Gründen kennen wir uns nicht, identifizieren wir uns nicht mit etwas, nicht mit einem Objekt und nicht mit einer Darstellung, vielmehr sind wir *verwiesen auf uns selbst*. Wir sind im Schweigen, das uns umgibt, wenn das Wort eintritt, das die Sprache zum Schweigen bringt, auf uns selbst verwiesen, und wir erfahren nun, daß wir uns nicht kannten, daß wir nichts von dem waren, was man uns gesagt hatte oder was wir uns selbst gesagt hatten, wir erfahren, daß wir *auf uns selbst verwiesen sind sowie auf unsere Realität, welche uns tatsächlich betrifft*. Daß wir auf uns selbst verwiesen sind, heißt nicht, daß wir von irgendwoher kommen. Im Gegenteil, wir sind, wir existieren vielmehr, wenn wir uns bewegen können, weil wir dann die abwesenden Seiten von uns entdecken, weil sich dann die von uns abwesenden Seiten erhellen. Wir entdecken die von uns abwesenden Seiten, wir erkennen diese eindrucksvolle Tatsache an, die uns bis zur Ehrfurcht vor der Realität rührt, wir werden an unsere Verschiedenheit verwiesen, in der wir eine Seite dessen erkennen, was von uns abwesend ist, und wir beginnen wieder, uns zu bewegen, und deshalb können wir sagen, daß wir existieren.

Der größte Abstand zu uns selbst, der die Voraussetzung und das Schicksal der Differenz ist, die unsere Existenz auszeichnet, ist die Voraussetzung unseres Lebens, ist das Erfordernis des Umstands, daß wir merken, daß wir in die unmittelbare Nähe jener Vision gelangt sind, in der wir uns als etwas anderes sehen als das, was wir zu sein glaubten. Aus dieser Perspektive, aus der unsere Beschreibung hervorgeht, fällt am Ende das Vorurteil der Scham, das uns so oft, um nicht zu sagen immer, zu unserer eigenen Deformation verführt hat. *Wir entdecken, daß es keine Hier-*

archie zwischen den Seiten unseres Lebens gibt. Es gibt keinen Fortschritt, es gibt keinerlei Erlösung von den peinlichen und zu versteckenden Seiten zugunsten der angesehenen und öffentlich akzeptablen Seiten, die so mühsam erkämpft wurden. Mühsam erkämpft, so wird man sagen, durch harte Arbeit und Disziplin. Sind harte Arbeit und Disziplin folglich unnütz? Nein, sie führen nur nicht zu dem Ziel, zu dem wir sie bewußt eingesetzt hatten. Im übrigen, wenn wir ihren wirklichen Zweck und ihr Resultat gekannt hätten, dann wären wir gar nicht in der Lage gewesen, diese Arbeit auszuführen und diese Disziplin durchzuhalten. Auch dies ist ein paradoxer Aspekt unserer Existenz. Warum nur soll alles vernünftig sein? Warum muß es für alles einen Grund geben? Statt die Tatsachen zu erklären, fangen wir damit an, sie zuzugeben und festzustellen, auch wenn sie paradox sind. Nichts gegen Erklärungen, wenn sie nur am Ende nicht als Ersatz für die Spur der Urtatsache dienen.

Im Schweigen denken wir nochmals nach, denn das Schweigen ist Schweigen, sofern es vollständige Besinnung ist. *Das Schweigen ist der Ursprung, der den Ursprung einholt*. Der Ursprung, der den Ursprung einholt, ist dieselbe Sache, die jedesmal geschieht, wenn wir bei einer glücklichen Vollendung dabei sind. Wir sehen mit Zärtlichkeit auf alle Ereignisse, Umstände und natürlichen Phänomene, in denen etwas mit sich selbst zur Übereinstimmung kommt, in denen am Ende etwas in die Harmonie mit sich eintritt und in denen etwas sich selbst erreicht. Ob wir es wissen oder nicht, es ist der glücklichen Vollendung geschuldet, die sich vor unseren Augen vollzieht, daß wir uns selbst wiederentdecken. Die glückliche Vollendung, wie die, in der ein Vorgebirge über sich die richtige Wolke findet, oder die, in der die Straße aus Lehm sich zwischen den Bäumen windet und unversehens zum Träumen verführt. Man schaut diese Dinge an, und man entdeckt etwas von sich. Man schaut den richtigen Hügel über der Bucht an, und während man denkt, daß man den richtigen Hügel ansieht, gelingt es einem, an sich zu denken. Man sieht die Einmündung der Lehmstraße zwischen den dichten Baumgruppen und erhält ein Glücksversprechen. Ein Versprechen, wie man es erhielt, als man das Kind seines Vaters war. Wie ich bereits sagte, sind wir deshalb das, was wir sind und auch das, was wir nicht sind, von dem Moment an, da wir eine Lehmstraße inmitten von Bäumen sehen und sofort an eine abwesende Seite von uns denken; wir sehen die Kurve der Lehmstraße zwischen dichten Baumgruppen und denken, daß wir einen Teil unseres Lebens vergeudet haben. Am Ende ist alles wahr und alles paradox; wir erfahren an einem bestimmten Punkt, daß über unsere gesamte Existenz das Schweigen gekommen ist und sich alle Seiten unseres Lebens angleichen, wir stellen fest, daß es keine Hierarchie zwischen ihnen gibt, wir erkennen an, daß alle gleich wichtig sind, vor allem erkennen wir an, daß es sich lohnt, von unseren Fehlern aus neu zu beginnen, die von uns selbst als die schlechtesten Seiten betrachtet werden und von denen wir wieder anfangen sollten. Und so beginnen wir wieder von neuem, und so existieren auch wir, und vor allem fangen wir wieder an zu lieben, aus einem Grund, der uns unerklärlich bleibt. Wieder anzufangen zu lieben scheint uns die Antwort auf alles, was vorher war, was es auch immer war und wann es auch immer war; eine Existenz, die zeitweise unermeßlich war, unermeßlich komplex, ist uns vorausgegangen, und an einem bestimmten Punkt fangen wir wieder an zu lieben, und dies scheint uns die Antwort auf all das, was uns vorausging, so als ob all das, was vorher war, die Liebe erwartet hätte.

Innenleben als Physiognomik

Die Liebe ist die Versöhnung mit den anderen, erfahrungsgemäß ist es die Versöhnung mit etwas oder jemand anderem, aber es ist auch die Versöhnung mit den anderen, auch mit den anderen, die wir nie kennengelernt haben, weil sie die tiefgreifendste Veränderung unserer existentiellen Perspektive darstellt, und eine Perspektive wird unabhängig von den Personen und Tatsachen festgelegt, auf die sie blickt, auch ohne sie zu sehen. Wie würde man sonst erklären, warum Menschen Missetaten begehen und töten, oder Opfer von Missetaten werden und getötet werden aus Gründen, die dem elementarsten Augenschein der Fakten und der Geschichte widersprechen? Die Liebe ist offensichtlich nicht der Zustand der erreichten Glückseligkeit, sondern die Bedingung des eigenen Überlebens. Das Gefühl der Liebe wird nicht nur zum Glücklichsein vorausgesetzt, es ist schon sehr viel früher zum Überleben unerläßlich; schon sehr viel früher ist es die Bedingung, um das eigene Unglücklichsein ausdrücken zu können, schon um der eigenen Unglücklichkeit Ausdruck zu verleihen, ist es nötig, daß man ab und zu liebt, sogar um dem Liebesmangel Ausdruck zu verleihen, die ein Mensch erleidet, ist es nötig, daß er dennoch liebt, und dies sage ich nicht, weil die Liebe das Verlangen selbst oder das Ziel ist, nach dem man sich sehnt, sondern weil man zum Ausdruck des eigenen Unglücklichseins nicht nur vom Unglück erfüllt sein muß, sondern auch vom Glück einer Liebe, die man in gewisser Weise besitzt; man braucht die größte Glücklichkeit, um die eigene größte Unglücklichkeit überzeugend auszudrücken. Aus diesem Grund sind wahrscheinlich die *wahren Unglücklichen*, die wahren völlig Unglücklichen diejenigen, die völlig schweigen, diejenigen, die die Starre des Worts erreicht haben, *die wirklich völlig Unglücklichen* sind diejenigen, die, wenn sie sprechen, Schuppen auf dem Weg zu lassen scheinen, den sie zurückgelegt haben. Die Philosophen haben viel Zeit mit der Diskussion der Frage verloren, ob alles Materie sei oder ob alles Geist sei, aber beide Alternativen sind die Extrempunkte der Sprache, nach der ein Mensch im einen Extrem stirbt oder lebt und als lebende Leiche durch die Stadt geht, im anderen Extrem seine Existenz regeneriert und eine neue Beschreibung von sich einleiten kann.

Aber um sich neu beschreiben zu können, muß man lieben können, muß man schließlich die Seiten von sich selbst akzeptieren können, derer sich die Menschen eine ganze Existenz lang schämen. Man muß beginnen, sich wenigstens ein bißchen zu lieben, um zu sich zu finden, um eines schönen Tages den Lauf der eigenen Existenz endlich dem rückwärts gerichteten Blick grenzenlos zu offenbaren, um einen radikalen Rückblick zu wagen, der so lang ist wie das Leben, in dem man sich nie angesehen hat, weil man sich immer geschämt hat, so wie man nur Scham empfinden kann vor der *wahrsten Sache*, weil man nur vor der *wahrsten Sache* das *schamhafteste Gefühl* hat, weshalb am Ende *die Wahrheit die Wahrheit der Scham ist*; in letzter Instanz ist die erste Wahrheit, die wir antreffen, nicht die Wahrheit, sondern die Scham vor der Wahrheit, und folglich ist die erste Wahrheit, die wir antreffen, nicht die Wahrheit an sich, sondern die Wahrheit unserer Scham.

Es ist überraschend, wie die Vertiefung der kompliziertesten und subtilsten Verbindungen unseres Innenlebens sich nicht durch die analytische Untersuchung der Details unseres Lebens von innen aus betrachtet mitteilt, sondern durch *einen umfassenden Blick von außen, der das Innere enthüllt*. Solange wir in die Eingeweide der Psyche unseres Innenlebens eintauchen, verstehen wir unser Innenleben tatsächlich nicht. Dies hingegen tut ein Blick, der die umfassenden Eigenarten und Züge des Innenlebens von außen erfaßt, um die Vision unseres inneren Lebens freizusetzen. Folglich zählt nicht, daß wir dieses oder jenes gedacht haben, daß wir diese oder jene Idee geäußert und darüberhinaus die Analyse dieser oder jener Idee seziert haben, die wir durch eine vorherige genaue Sezierung einer Idee erhalten hatten; indem wir das schon Sezierte weiter sezieren, indem wir darauf beharren, eine Unzahl von bereits mehrmals geteilten Ideen weiter zu zerteilen, die schon vorher viele Male zerteilt worden sind, tun wir nichts anderes, als in unserer eigenen Blindheit zu versinken. Je mehr wir unsere innere Seite sezieren, beschreiben und diskutieren, desto mehr werden wir zu *Opfern unserer inneren Seiten*; die Wahrheit ist, daß wir unsere Zerstörung durch ein raffiniertes Spezialistentum all unserer psychischen Verwicklungen in unseren sogenannten Selbstanalysen fördern. Die Analyse von inneren Prozessen, in die wir nach und nach versinken, entzündet nicht den kleinsten Lichtstrahl; je mehr wir *unsere innere Seite im Inneren* erklären, analysieren, diskutieren und nochmals diskutieren, desto weniger gelingt es uns, einen Lichtstrahl zu erblicken. Dann plötzlich geht uns das Bild des ganzen Prozesses, der sich im Inneren abspielt, *von außen* durch den Kopf, und da bemerken wir die Bedeutung unserer Innerlichkeit, welche die innere Seite ist, die so gesehen wird, als ob sie zur äußeren Seite von uns geworden wäre. Statt einer genauesten, analytischsten und ausgewogensten Bilanz an Ideen und Darstellungen, deren Wahrheit wir irrtümlicherweise *in einer weiteren Vertiefung des Inneren sahen und dann in der endgültigen Vertiefung unseres Inneren*, entdecken wir jetzt, daß die Bedeutung unserer inneren Existenz nicht in der Bedeutung unserer inneren Existenz und ihrer tausend Details liegt; wir entdecken, daß die Bedeutung unseres inneren Lebens nicht in der inneren Bedeutung unseres Innenlebens liegt, sondern in der Bedeutung, die dieses Innenleben dafür gehabt hat, *daß es geschehen ist, daß es existiert hat*; wir entdecken, daß seine Bedeutung nicht im analytischen Detail seines inneren Mosaiks liegt, sondern in der Bedeutung, die es angenommen hat, als ob es die umfassende Geste einer Existenz wäre. Und diese umfassende Geste hat eine Bedeutung, die von der Existenz des Innenlebens abhängt, sofern das Innenleben eine Unzahl von Ideen gewesen ist, von Analysen von Ideen, Vorschlägen, Absichten und Willen, und eine Unzahl von Gegenideen, Gegenanalysen, Gegenvorschlägen, Gegenabsichten und Gegenwillen – und all das war *seine innere Bedeutung* – aber es hatte auch die Bedeutung, die all dem zugekommen ist aufgrund der wesentlichen Gegebenheit, daß dieses so beschaffene Innenleben existiert hat und dann sozusagen zu einer Szene und einer Tätigkeit von Sinneszeichen geworden ist, so daß seine Prozesse nicht nur ideale Widerspiegelungen gewesen sind, sondern *Phänomene, die zur Existenz gekommen sind, ohne zu wissen, daß sie zur Existenz gekommen sind*. Wenn man auf diese Weise den Sinn des Innenlebens vom Gipfel der Existenz aus betrachtet, so besteht er *nicht in seiner inneren Bedeutung*, sondern wird zur unvorhergesehenen Bedeutung, die von außen kommt, welche die unvermutete Seite unserer inneren Geschichte ist, die alles weiß, außer daß sie indessen existiert, so wie die Menschen eine Anzahl von Dingen leben und tun und indessen übersehen, daß ihr ganzes Leben und die Anzahl der Dinge, die sie ein Leben lang tun, die Bedeutung einer Existenz ausmachen, die ihnen vollkommen verborgen bleibt. *Die Menschen kennen ihr Innenleben und ignorieren ihre Existenz*, welche die äußere Seite ihres Inneren ist, welche die Bedeutung der inneren Seite ausmacht, die aber nicht *ihre Bedeutung* ist, das heißt das, was die innere Seite sich zuordnet und einverleibt, sondern die Bedeutung der inneren Seite, die *ihr nicht mehr angehört und die in die Undurchsichtigkeit der Existenz übergegangen ist*, die das Ergebnis der inneren Seite ist, sobald sie in die Existenz eintritt. Und die Existenz unterliegt keiner Bewußtseinskontrolle, sie ist die äußere Seite, die sich herausbildet, so wie ein umfassender Blick, der auf unsere innere Seite geworfen wird, und es ist die äußere Seite, weil es die innere Seite ist, die sich herausbildet und in die Existenz einmündet, über die wir keine Kontrolle haben, ja, von der wir, bevor wir bemerken, keine Kontrolle zu haben, nicht einmal Kenntnis haben. Wir haben die quälende Kenntnis einer Myriade von Details, einer unbestimmten Vielfalt von Routen in unserem Gehirn, aber wir haben die geringste Kenntnis, in Wirklichkeit haben wir nicht einmal einen Schimmer der Kenntnis der Bedeutung unseres Innenlebens, das sich ohne jedes Detail in seiner umfassenden Version darstellt und festigt, die die äußere Seite ist, die nicht mehr *ihm gehört*, sondern so ist wie die Rückseite unserer Gedanken, die wir nie sehen können.

Auf diese Weise zu verstehen heißt gleichzeitig aufhören zu verstehen, verstehen heißt nicht – im Gegensatz zu dem, was man normalerweise annimmt – den Schluß aus einem bekannten Prozeß ziehen, der sich lange zu seinem Ziel hingeschleppt hat. Verstehen ist eine Zustandsänderung; statt die innerste Konsequenz einer Gedankenkette zu sein, welche die Machenschaften unserer Innerlichkeit ausgemacht hat, ist das Verstehen ein Sich-Heraussetzen aus der eigenen Innerlichkeit oder auch ein Verblüfftsein und Überraschtsein durch den Blick der äußeren Seite. Die äußere Seite unserer inneren Existenz ersetzt die innere, analytische, introspektive, und in diesem Moment sagen wir natürlich, daß wir verstehen, und verstehen bedeutet einfach, daß wir aus all dem heraustreten, was bekannt war; verstehen bedeutet, aus dem schon immer bekannten Umfeld unserer inneren Verkettungen herausgeschleudert zu werden, um die *äußere Seite dieses Prozesses zu sehen, in dem wir von der inneren Seite aus gearbeitet haben*. Unsere Gedanken, die wir auf analytische und detaillierte Weise als Gedanken bearbeitet haben, während es doch nur Gedanken waren, waren Gedanken, die unterdessen ihren Einzug in die Existenz hielten und sich daranmachten, die äußere Seite der Existenz vorzubereiten, welche die *Existenz ist, von der wir überrascht sind*. Und da begreifen wir, warum wir aufhören zu verstehen, wenn das Verstehen im Verfolgen unserer inneren Details besteht; wir begreifen, warum uns endlich die umfassende Vision gegeben wird, welche die äußere Seite von uns ist, die unsere Existenz und unsere Wahrheit ist, die uns aus uns herausschleudert, wenn wir am Ende entdecken, daß alles verschieden ist, daß alles immer verschieden ist.

Von der inneren Seite unserer Innerlichkeit aus ist alles analytisch, von der äußeren Seite aus ist alles umfassend; von der inneren Seite aus ist alles Teilung und dann Multiplikation der Teile, von der äußeren Seite aus ist es die resultierende Summe, die Abrechnung, die tödliche Endabrechnung, die wie *die Physiognomie* unserer zusammengefügten Teile entsteht durch die entscheidende, uns unbekannte, Geste der Existenz . Auf der inneren Seite ist es eine unendliche Aufgabe der Zerlegung und Gliederung von Windungen unseres Geistes, auf der äußeren Seite kommt die globale unvorhersehbare Bedeutung, wie die Auswirkungen der Jahre, die den Menschen in einem bestimmten Moment das Alter geben, das sie haben. Im Innern ist alles geteilt, beseitigt, aufgenommen, diskutiert und nochmals diskutiert, im Innern *ist alles unsterblich*, im Innern sind wir alle eins *mit unserer Unsterblichkeit*; außen ist alles nur das mörderische Resultat dessen, das wir hinter uns gelassen haben, das wir nicht mehr sind, an das wir jedoch nur meinten zu denken, ohne es zu sein und ohne es zu leben. Im Innern ist immer alles von Anfang an Erfindung, Entscheidung, Urteil; *außen jedoch ist alles unver-*

sehens Schicksal, so wie an einem Herbsttag in der merkwürdig reinen Luft der erste Hauch kühler Luft sich ankündigt. Im Innern ist alles Intention, Vernunft, Motivation, Rechtfertigung, Verkettung von Gedanken; von außen verwandelt sich dieser Komplex von Intention, Vernunft, Motivation, Rechtfertigung und Verkettung von Gedanken *in ein entschlossenes Antlitz der Existenz*. Von innen ist alles den Unbilden des Wetters und des Raums unterworfen, außen erhält alles seine Bedeutung aus der existentiellen Szene, der wir ausgesetzt sind.

Verstehen heißt aufhören zu verstehen, und das stärkste Gefühl, das wir empfinden, ist das der Intelligenz, die sich vom Verständnis zum Unverständnis hin bewegt; das stärkste Gefühl, das wir empfinden, ist das der Intelligenz, die zu einem bestimmten Augenblick ihr eigenes Verständnis als eine Form von Blindheit gegenüber dem eigenen Unverständnis ablegt und ihre eigenen Schritte in die undurchsichtige Zone der Existenz setzt. An einem bestimmten Punkt begründet das Verstehen das eigene Paradox, weil es sich auf seinem Gipfel in das Nichtverstehen verkehrt, in jenes Unverständnis, das uns bestürzter denn je zurückläßt, weil es die Übung ist, welche die Intelligenz zuerst mobilisiert, um sie dann aufzuhalten und wieder dem überläßt, was sich am Ende einfach ergeben hat. Als ob der ganze mühsame Prozeß der Intelligenz seinen Gipfel nicht in etwas Verständlichem hätte, sondern in einem letzten undurchsichtigen Ende, ohne jede Transparenz, das nicht das Endresultat einer intellektuellen Unternehmung ist, sondern das, was tatsächlich zu einem Szenario der Intelligenz wurde, die von ihrem Inneren aus auf ein letztes und unvergleichliches Unternehmen gerichtet war.

Das, was man von innen heraus meinte, ist von außen betrachtet nur Resultat. Diese einfache Feststellung ist das größte Trauma unserer Intelligenz. Und dennoch, trotz seines paradoxalen Aspekts, ist es jedesmal ein erschütterndes Gefühl, wenn wir der Äußerung der Intelligenz eines Menschen beiwohnen, der alle ihm zur Verfügung stehenden Mittel einsetzt, alle intellektuellen Mittel, die er mühsam gesammelt hat, angehäuft durch die Disziplin eines Lebens, das aufmerksam zugebracht wurde, das durchlaufen wurde in der Ausübung der Aufmerksamkeit, um dann ein Resultat zu erzielen, das verschieden, ja weit entfernt ist von dem, für das allein die Aktivität der Intelligenz ausgereicht hätte; folglich ein Resultat, das verschieden und entfernt ist von dem, auf das die Intelligenz schon vorbereitet ist. Die Intelligenz, von ihrer inneren Seite aus betrachtet, ist nicht ihre Intelligenz, weil sie am Ende ihr eigenes Unverständnis ist, sondern die Intelligenz, die zuweilen, wenn auch selten, sich selbst zu überwinden vermag; diese also hört auf zu verstehen, sie hört vor allem damit auf, verstehen zu wollen, und akzeptiert die Undurchsichtigkeit und die Unverständlichkeit dessen, was ihr gegenübersteht. Statt der Transparenz einer rationalen Darstellung erzielt die Intelligenz etwas anderes; statt der linearen Verbindung einer Gedankenkette entdeckt die Intelligenz, die sich selbst überwindet, eine geheime Absicht, die unbeugsam und unversöhnlich ist, die etwas ist, was man nur feststellen kann, so wie ein Gesicht von seinem Alter bestimmt ist. Es geht nicht um das Unverständliche, so wie es vom inneren des menschlichen Verstands aus gesehen wird, das nur das Unverständliche ist für eine Intelligenz, die lediglich alles auf sich reduzieren will, die darauf besteht, alle Dinge auf die Form zurückzuführen, die ihr schon seit ewig bekannt ist, es geht vielmehr um das Unverständliche als Ausdruck, als Physiognomie, als Zeichen, das sich jenes wirkliche und alternative Resultat setzt gegenüber den Erwartungen dessen, der alles erklären und verstehen will; dies ist das Unverständliche, das sich einprägt wie ein Gesicht, unerschöpflich wie das Zeichen des Schicksals. Dies ist das Unverständliche, das die Intelligenz erreicht, die aufhört, Intelligenz zu sein, um eine geheime Absicht der Dinge zu erfassen, vor denen sie stehen bleibt und folglich aufhört, die Gewalt der Erklärung auszuüben.

Die Intelligenz ist für sich, auf ihrer inneren Seite, der Zwang zur Wiederholung; Verstehen ist dabei der Versuch, in den verschiedensten Situationen jeden Gedanken, jedes innere oder äußere Ereignis, dem Rhythmus dieser Wiederholung anzupassen, der der Prozeß der Intelligenz ist; analytisch verstehen, heißt, den Zwang zur Wiederholung in jeder Situation anzuwenden, die sich stellt. Die Situation wird nicht erfaßt, sie wird deshalb auch nicht einmal verändert, sie wird nicht *gesehen*; auf sie wird der Zwang zur Wiederholung angewandt. Aus diesen Gründen gehen die Menschen und die Realität zusammen voran, aber es ist nicht gesagt, daß es deshalb eine Korrespondenz oder eine Angleichung zwischen beiden geben müsse; sie schreiten zusammen voran, und das ist alles. Der Umstand, daß sie zusammen voranschreiten, läßt uns sofort denken, daß es eine proportionale oder angemessene Beziehung zwischen ihnen gebe, stattdessen ist alles anders, sie bleiben zusammen wie zwei gleichgültige Wesen. Aber wenn das Verstehen als unerbittliche Wiederholung ein Erkennen ist, in dem die Intelligenz erstickt, wobei sie so tut, als lebe sie, und sich paralysiert, während sie meint, zu jeder beliebigen Bewegung fähig zu sein, so zeigt sich der Intelligenz, die über das Verständliche hinausgeht, die so intelligent wird, daß sie sich selbst entsagt, um sich Resultaten zuzuwenden, die im Lauf der Existenz entstanden sind – dieser Intelligenz, die auf dem Weg ist, sich selbst zu verlassen, zeigt sich etwas Neues, etwas nicht Vorgeahntes, das nur am Horizont, von der Existenz unvermutet auftauchen kann.

Gedanken als Gesten der Existenz

Auf diese Weise bringt die Intelligenz, wenn sie sich überwindet, wenn sie so intelligent ist, die Selbstaufgabe anzutreten, indem sie sich von ihrem Schicksal überholen läßt, ein ethisches Opfer dar, das sie darauf vorbereitet, sich wieder der Existenz zu stellen, nicht der analytischen Wahrheit, die künstlich geschaffen wurde, sondern der Wahrheit, die geworden ist, die von der Existenz her gekommen ist. Es handelt sich um ein ethisches Opfer, und so wird aus der Intelligenz eine Intelligenz, die die Dumpfheit des eigenen Verständnisses abschüttelt, das eine Blindheit gegenüber dem eigenen Unverständnis war, und sie stellt sich wieder der Realität. Es handelt sich um kein intellektuelles Opfer, weil die Intelligenz nichts zu opfern hat, sie hat keine Teile zugunsten anderer Teile von sich zu opfern, die sie retten will; das Opfer der Intelligenz ist ein totales und radikales Opfer, es ist das totale Opfer der Intelligenz, die sich entschließt, sich selbst zu überholen, sich jenseits von sich selbst zu setzen, um festzustellen, daß sich ein Prozeß in der Existenz abgespielt hat, *daß die eigene Wahrheit zu einer Form der Existenz geworden ist, daß ein Gedankengang zu einem Gesicht geworden ist*, daß eine lange Meditation die Form einer Geste angenommen hat, daß der ganze innere Prozeß des intellektuellen Lebens zu einer Seinsweise in der Welt und zu einer Szene in der Welt geworden ist. So daß, alles in allem, von der ganzen Kraft unseres intellektuellen Lebens, von all der Kraft unserer inneren Spannung die Realität übriggeblieben ist, *während die Ziele verschwunden sind*. So daß das übriggeblieben ist, was geworden ist, und was konnte sonst schon bleiben und sich festsetzen, wenn nicht genau dies: daß einfach etwas geschehen ist? Auf Grund all dessen, das wir sind, bleibt die Realität dessen, was wir geworden sind; und das, was wir werden, ist nur eine Seinsweise in der Welt, und eine Seinsweise in der Welt ist die ganze Realität, die von den unruhigen Zielen in unserm Innern erzeugt wurde, aber nunmehr ohne diese Ziele ist. Die letzten Ziele, welche die Sphäre unserer Innerlichkeit bewegt haben, verschwinden in der Realität der Existenz, wo sie in eine Physiognomie übergehen. Auf diese Weise wird der Mensch zum Gesicht seiner Gedanken, und auf seinem Gesicht sehen wir die Zeichen eines Innenlebens, das zu den Zügen eines Gesichts wurde, aber dort lesen wir nie die Ziele, die von der Innenseite seines Geistes her gesehen die Rechtfertigungspunkte all seiner Gedanken waren. Es bleibt jetzt auf dem Gesicht das zurück, was zur Übung seiner Intelligenz und zur Anstrengung seiner Innerlichkeit geworden ist, aber es wäre unmöglich, dort die Ziele zu lesen. Und deshalb ist am Ende die von der Existenz gekommene Realität eine Realität ohne Rechtfertigung, und deshalb versteht die Intelligenz an einem bestimmten Punkt nicht und akzeptiert es, nicht zu verstehen, wenn sie so intelligent ist zu verstehen, daß sie andernfalls in eine epistemologische Halluzination verfallen würde, in jenen Aberglauben von sich selbst, der die eigene Blindheit mit Verstehen verwechselt. So findet sich die Intelligenz in der Situation, sich selbst überwinden zu müssen und den allermutigsten Akt vollbringen zu müssen, sich dorthin treiben zu lassen, wo sie sich nicht wiederzufinden erwartet, um sich am Ende dem Schicksal des menschlichen Verstands zu stellen, der zu Seinsweisen in der Welt geworden ist, dem Schicksal komplexer innerer Wechselfälle, die am Ende *Gesten der Existenz* sind.

Der entscheidende Übergang von der inneren Sphäre unseres Geistes, die eine Unzahl von Absichten, Gründen und Motivationen ist, dividiert und multipliziert mit ihren Teilen zur äußeren Sphäre, in das Element der Existenz, besteht also im entscheidenden Umstand, daß aus dieser Unzahl von Gedanken am Ende *ein einziger Gedanke übriggeblieben* ist, ein einziger Gedanke, und zwar daß der menschliche Geist schrecklicher Anstrengungen fähig ist. Daß der menschliche Geist schrecklicher Anstrengungen fähig ist, daß man an einem bestimmten Punkt an solch einem Gedanken angelangt ist, dies zeigt die äußere Seite des Geistes, und zwar vom Terrain der Existenz aus, *wo der Geist am Ende in Begriffen beschrieben wird, in denen er sich nicht wiedererkennt.*

Wenn aus allen Qualen, aus allen Gedanken des Geistes ein einziger Gedanke hervorspringt, *dann sind wir außerhalb des Geistes, so wie der Geist bisher sich selbst dargestellt hat*. Wir sind außerhalb der intimen Mechanismen des Geistes, wir sind *auf den Straßen der Existenz*, wir sind schon auf die Straßen der Existenz übergewechselt, wo alles anders ist, wo immer alles anders ist. Wir sind nicht mehr in unserem Geist, wir sagen: »Welcher Anstrengungen unser Geist doch fähig ist!«, und schon sind wir außerhalb unseres Geistes, schon leben wir in der Dimension, die den Mechanismen jener Anstrengungen äußerlich ist, die uns sagen läßt: »Welcher Anstrengungen unser Geist doch fähig ist!« Schon scheint es, als scherzten wir über unseren Geist, und doch scherzen wir nicht über unseren Geist, wir sind vielmehr zu unserer Existenz herabgestiegen, wo wir uns aus unserem Geist herausziehen, vielleicht von der Scite der Realität aus, weil es uns gelingt, in diesen Begriffen über den Geist zu sprechen; wir sind auf Seiten der Realität, weil von all den unendlichen Gedanken, derer unser Geist fähig war, ein einziger Gedanke übrig geblieben ist: »Welcher Anstrengungen unser Geist doch fähig ist!« Wir sind aus den komplexen und quälenden Mechanismen unseres Geistes ausgestiegen, wir sind aus der Unsterblichkeit unseres Geistes ausgestiegen und in das Gedächtnis eingetreten; es gibt uns jetzt nicht mehr, wir sind eher das Gedächtnis unseres Geistes, den wir in einem einzigen Gedanken zusammenfassen, welcher impliziert, daß wir aus den feinen und perversen Mechanismen unseres Geistes ausgeschieden und in die Existenz gestürzt sind, dort, wo Gedächtnis und Schicksal das Sagen haben. Daß der Geist zu einem einzigen Gedanken wird, das heißt eine Unzahl von Gedanken sich zu einem einzigen zusammenziehen, das ist die notwendige Deformation, damit das Gedächtnis den quälenden Geist erinnern kann, der wir sind.

Gedächtnis und Existenz beginnen gemeinsam; wir bemerken, daß wir uns in der Existenz befinden, weil wir uns erinnern, weil wir uns folglich im Echo des Gedächtnisses auffinden, weil wir, um zu existieren, eine Anzahl von unendlichen Dingen abschneiden müssen, die unser Geist repräsentiert, weil der Geist für sich diese Menge unendlicher Möglichkeiten ist, die unsere Gründe, Motivationen, Rechtfertigungen und unendlichen Verbindungen sind. Die Existenz ist auch diese entscheidende Geste, auch diese krasse Geste, weshalb wir durch das Opfer des Geistes und durch das Opfer der Intelligenz, die aufhört zu verstehen, von allen unendlichen Gedanken, derer wir fähig sind, einen einzigen Gedanken erinnern: »Welcher Anstrengungen unser Geist doch fähig ist!«

Wir glauben, *gratis* auf dieser Welt zu sein, und nichts ist lächerlicher als dieser Aberglaube, wir wissen es nicht, aber jeden Tag bezahlen wir mit unserer Existenz, wir bezahlen mit den besten Gedanken für jeden Augenblick unserer Existenz. Um in das Reich der Realität und der Existenz einzugehen, bezahlen wir

Preise, derer wir uns nicht einmal bewußt sind, so wie wir uns nicht der Benutzung und des schmerzhaften körperlichen Verschleisses bewußt sind, wegen der Zeit, die bis dahin vergeht, wenn wir feststellen, daß unser Körper abgenutzt und ausgehöhlt ist. Wir müssen unseren Geist anstrengen, wir müssen unseren Geist vergewaltigen, *wir müssen uns von unserem Geist trennen, um zu existieren*, dies ist die Wahrheit. Um in das Reich der Existenz einzutreten, müssen wir von den infantilen Mechanismen unseres Geistes Abschied nehmen, der für sich eine Vielfalt unendlicher Möglichkeiten wäre, um am Ende von all unseren unendlichen Gedanken einen einzigen aufzubewahren: »Welcher Anstrengungen unser Geist doch fähig ist!« Diesen Gedanken spricht der Mensch aus, der weit entfernt von seinem Geist ist, der Mensch, der intelligenter als seine Intelligenz werden mußte, um seiner Intelligenz zugunsten der Existenz zu entsagen.

Die Realität ist das, was von allen Anstrengungen übrigbleibt, die die Menschen vollbringen, wenn am Ende einmal der geronnene Ausdruck ihrer Anstrengungen wie eine monströse Konstellation von Ereignissen in ihre Augen trifft, wie eine monströse Konstellation von Ereignissen, weil sie in ihrem geronnenen Ausdruck vollkommen verschieden sind von dem, was sie sich für die Dauer einer Existenz vorgestellt hatten. Wir spüren eine starke Warnung vor uns selbst genau in dem Moment, in dem wir von unserer eigenen Irrealität eingeholt werden, genau in dem Moment, in dem wir die Sicherheit der Beziehung verlieren, die wir ausschließlich mit uns selbst unterhalten haben. Wenn die Auflösung unseres Ich bevorsteht, wenn das Ich zu einer verstreuten und unwiderbringlichen Einheit wird, dann wächst in uns das mächtigste Ich, das man sich vorstellen kann, welches das Ich ist, das als Dokument und Beweis dafür bleibt, daß wir unser Ich verloren haben; in uns wächst ein unermeßliches Ich als Beweis der totalen Abwesenheit des Ichs, das wir nicht mehr als existent ansehen und das wir verloren haben. Wir werden jetzt zur mächtigen Gegenwart unseres Lebens wie bei keiner anderen Gelegenheit, wir werden zur mächtigsten Gegenwart unserer Abwesenheit, wir werden zum unermeßlichen Ich, das sich im Dunkel ausbreitet, das übrigbleibt, wenn ein Ich verschwunden ist. Und wir beginnen, von der Perspektive aus zu schauen, welche die einzige Perspektive ist, die uns geblieben ist, nachdem wir des Ichs, das wir waren, verlustig gegangen sind; wir, die wir aufgrund des Verlusts unseres Ichs inexistent geworden sind, in diesem Zustand der Abwesenheit von uns selbst, *können uns höchstens an uns erinnern*, an das, was wir waren, was auch immer es gewesen sei, was wir aber jetzt nicht sind; wir erinnern uns also, weil wir nicht sind, wir erinnern uns, während wir das Leben verlieren, denn während wir uns erinnern, begründen wir keine andere Realität mehr, stellen wir unsere Realität nicht mehr dar, wir erinnern uns, und das Leben geht vorbei, es gibt uns nicht, und zur selben Zeit existieren wir nur, um von unserer Abwesenheit Kenntnis zu nehmen, und wir werden zu einem unermeßlichen Ich, um davon Kenntnis zu nehmen, daß wir nicht existieren, daß unser altes Ich, in dem wir existiert haben, uns verlassen hat, daß wir von unserem Ich gekündigt wurden, daß *wir jetzt vor allem Gekündigte sind*. Und nun sehen wir alles ohne jede Zugehörigkeit an, denn wenn es so ist, dann gehören wir nicht einmal uns selbst, im Gegenteil, wir gehören vor allem nicht mehr uns selbst, und dies ist die Voraussetzung der Tatsache, daß von diesem Moment an nichts mehr uns gehören kann, und das dunkle, unermeßliche Ich, zu dem wir geworden sind, ist so groß, wie es das Verlassen des Ichs verlangt, das uns besaß und das wir besaßen, das Ich, das wir nicht mehr sind und das Wille war, während wir Erinnerung sind, das Ich, das wir nicht mehr sind und das sich an einem bestimmten Ort aufhielt, während wir Hinausgeworfenen ein bißchen umherziehen, überallhin, dahin, wo es uns nicht gibt. Nicht einmal die Wörter gehören uns noch, auch die Wörter sind uns, die wir Fremde für uns selbst sind, fremd geworden, fremder und fremder. Auch auf den Wörtern, die wir überall hören, wo wir hingehen, breitet sich statt unseres Verstehens der unermeßliche Schatten des Ichs aus, das uns verlassen hat, und folglich verstehen wir nicht. Ohne Besitz versteht man die Wörter der Alltagssprache nicht, ohne Besitz rufen die Wörter der Alltagssprache keinerlei Verständnis hervor, und diese werden zu unserer Verfolgung; je unverständlicher diese sind, desto unermeßlicher wächst der Schattenkegel unserer Abwesenheit.

Und nun beginnen wir, die Dinge aus unserem Innern zu betrachten, wir, die wir in unserer Abwesenheit von uns selbst existieren. Wir beginnen, die Dinge durch uns hindurch zu betrachten, als ob wir sie nicht sähen; tatsächlich sehen wir sie nicht, weil wir uns an sie erinnern. Wir erinnern uns an sie, und während wir uns an sie erinnern, ist das einzige, was wir denken, daß wir uns an sie erinnern, weil sie uns nicht mehr gehören. Wir erinnern uns an sie, weil es sie nicht mehr gibt, und dann erinnern wir uns auch daran, daß es uns nicht mehr gibt, und von diesem Punkt an leben wir unsere Existenz als Theater unserer Abwesenheit. Und so sehen wir die Dinge an, während wir von uns selbst verlassen sind, und wir sehen auch die Dinge an, während wir von ihnen verlassen sind, und wir sehen die Dinge lediglich aus unserem Inneren, durch uns hindurch, und wir können das sehen, was wir vorher noch nie so gesehen haben. Wir sehen unsere Familie durch uns hindurch, von unserem Innern aus, und unsere Familie wird auf diese Weise zu einer monströsen Konstellation. Wir sehen unsere Familie als ein Durcheinander von Gliedern, die durch ein klebriges Band verbunden sind. Seit unserer Abwesenheit gelingt es uns nicht mehr, viel von dem zu erkennen, was uns bekannt war; an diesem Punkt ist es nicht wichtig, daß wir für Abhilfe sorgen, unser Ich wiedererlangen wollen, den Besitz, ob klein oder groß, die Zugehörigkeit. Die wesentliche Tatsache ist, daß *die Differenz* in unsere Existenz eingebrochen ist, und von da an wird unsere Abwesenheit von uns es von Zeit zu Zeit nicht versäumen, einzudringen, und wir werden aus uns selbst ausgewiesen, von uns verlassen, unserer Abwesenheit von uns selbst ausgesetzt, ohne mit den anderen auf der Grundlage der Eigentumsvoraussetzung, der Besitzerfordernis zu kommunizieren. Übrigens ist das Leben Tag für Tag, ob man es weiß oder nicht, auf Verträge gebaut, die nicht eingehalten werden. Wir machen uns nicht auf die Suche nach irgendeinem Gesetz der Existenz, aber es ist eine Tatsache, daß die Verträge nicht eingehalten werden, und die Tatsache, daß die Verträge nicht eingehalten werden, ist die wahre Triebkraft der Geschichte. Aus diesem Grund sind wir auf das Gedächtnis verwiesen. Wir erinnern uns, weil wir ständig betrogen werden und weil wir ständig betrügen. Wie ein heiteres Gesicht, das sich berauscht, bis es zur schaurigen Vorahnung der eigenen Auslöschung wird. Aber wir betrügen uns selbst, noch bevor wir die anderen betrügen, *wir sind unser Verrat, der unsere Differenz ist*, die unsere Abwesenheit von uns ist, und es gelingt uns zu existieren in dem Sinne, daß unsere Existenz sich ereignet, statt eine einfache mögliche Idee zu sein, weil von Zeit zu Zeit eine Abweichung in unser Leben tritt, in dessen Verlauf wir uns selbst verraten, während dessen wir Abstand von uns selbst nehmen und während dessen wir uns der Abwesenheit von uns selbst ausliefern, um uns irgendwo anders wiederzufinden. Das ist der permanente Traum unserer neuen Geburt. *Von der Religion bis hin zu den Kinderspielsachen ist es immer die gleiche Geschichte, die uns erzählt wird. Es ist die Geschichte unserer Geburt, die uns erzählt wird.* Dieses unbedachte Abstandnehmen von uns selbst ist eine einzige Leidenschaft, die uns ins Wanken bringt und uns dorthin treibt, wo wir uns nicht erwarten, wo wir nicht sind, und wo wir folglich nicht unsere Realität haben, wo wir aber glauben, daß wir tatsächlich seien, und wo wir annehmen, daß unsere Existenz sich befände. Immer die gleiche Geschichte wird uns erzählt, egal worüber man spricht, oder was man gerade tut. Die Wahrheit ist, daß alles ein Symptom von etwas anderem ist, daß alles verschieden ist, daß alles immer völlig verschieden ist.

Wenn man von dem Ort aus schreibt und denkt, an dem man sich genau befindet, und versucht, sich genau an den Umstand zu erinnern, in dem man sich befindet, von den Spielsachen und Ideen, an die sich die Kinder geklammert haben bis hin zum Spielzeug der Religion, so ist es immer die gleiche Geschichte, die uns erzählt wird. So wie die Geräusche, wenn sie intensiv sind, immer die Ankündigung des Zusammenbruchs der Menschen sind; die Vibration überträgt sich auf physikalische Weise, bis sie die Membran des Hörapparats stimuliert, der den Impuls an die Fasern der Gehirnrinde überträgt, die auf diese Weise erregt werden; und am Ende denken wir, dies sei die Ankündigung des Zusammenbruchs der Menschen; wir hören ein Geräusch, und einen Augenblick lang glauben wir, daß etwas in rasender und unerbittlicher Weise seinem tragischen Ende zustürzt, geblendet von seinem eigenen unwiderstehlichen Rasen zum eigenen Ende hin.

Der geronnene Ausdruck des ganzen Laufs unserer Gedanken, unserer psychologischen und intellektuellen Anstrengungen, ist der Gesichtsausdruck, den der Lauf unserer Gedanken und unserer Anstrengungen in seiner Existenz angenommen hat. An einem gewissen Punkt wird aus diesen Gedanken, diesen Anstrengungen, diesen Pfaden der Psyche ein Gesicht, das ihr unvorhergesehenes Resultat ist. Es sind all unsere Gedanken, all unsere Anstrengungen, all die von unserer Psyche begangenen Pfade, die am Ende einen unvorhergesehenen Ausdruck annehmen, der ihr Ausdruck in der Existenz ist. Die Existenz ist das Gesicht, auf dem all unsere Gedanken verzeichnet sind, all unsere Bewegungen der Ideen, ohne jedoch eine Spur der Ziele, für die sie bestimmt waren, ohne das Zeichen der subjektiven, freiwilligen Bestrebungen, die auf der Innenseite des Geistes lebten und die ihr unsichtbarer Motor waren. Dieser ideelle Motor fällt aus der Szene der Existenz heraus, er findet keinen Ausdruck in einer Physiognomie der Existenz, und so bleiben wir am Leben, aber wir finden in der Existenz nicht die Spur unseres Willens, welcher der unsichtbare Motor war, der auf dem Grund all unserer Gedanken, Qualen, Ängste und Entscheidungen lief. Dieser unsichtbare Motor war als ein Ich gedacht, der einen Gedanken mit einem anderen verknüpfte, eine Erwartung mit einer anderen und der alle Bewegungen des Innenlebens verknüpfte und sie zu einem Endziel hinlenkte. Natürlich kann diesem unterstellten Ich auch unklar gewesen sein, was denn das Endziel war, dieser Hintergrund, zu dem hin der unsichtbare Motor alle Spannungen, Anstrengungen, Absichten und Bewegungen des Innenlebens zutrieb. Das angenommene Ich als ideeller Motor, der sich ununterbrochen auf dem Grund der Psyche drehte, nahm ein Endziel, eine letzte Instanz als vorausgesetzt an, auch wenn er sie nicht sah, auch wenn er sie nicht definierte. Dieses Ich war wie ein Klebstoff, der alle Teile unseres Geistes miteinander verband, aber von der Außenseite der Existenz gesehen bleiben es zerstreute und aufgelöste Teile in dem Ausdruck, dem sie sich hingeben, ohne den Klebstoff, von dem man annahm, daß er sie in dem zusammenhalte, was wir normalerweise Kohärenz nennen. Und auf diese Weise wird unsere Existenz zum Gesicht unseres Innenlebens, in dem es keine Spur des mutmaßlichen Ich mehr gibt, das sie von innen wie ein ideeller unaufhörlicher Motor antrieb. Und auf diese Weise gehen wir von der inneren Sphäre zur Existenz über, und hier finden wir keinerlei Konsistenz von uns mehr vor; in der Existenz wird aus uns ein Ensemble von Zügen und Physiognomien, denn einmal zur Existenz gekommen, sind wir all unsere Züge ohne die Idealisierung, die diese Züge in einer kohärenten Verbindung zusammenführte. So denken wir, und so existieren wir, und die Differenz zwischen unserem Denken und unserer Existenz wird durch den Verlust der idealisierten Einheit der kohärenten Verbindung unserer Innerlichkeit verursacht. In der Existenz sind wir schließlich all das, was wir sind, mit Ausnahme der Idealisierung unserer selbst.

Ohne Idealisierung verlieren wir die Kohärenz, und an diesem Punkt entdecken wir die neuen Szenen des Lebens, in denen nicht mehr das Gesetz gilt, wonach etwas notwendig auf etwas anderes folgt, sondern wo eins das andere gibt, wo die Dinge zusammen sind, nicht weil sie eine innere logische Verbindung hätten, sondern einfach weil sie zufällig zusammen sind; so wie wir keine kohärente Figur, sondern die Gemeinschaft unserer Merkmale sind, wo bald dieses dann jenes Merkmal wichtig wird, bald ein Merkmal verschwindet, ein anderes hinzutritt und seinen Platz einnimmt. Unsere Existenz ist diese Koexistenz von Merkmalen, die nicht mehr von irgendeiner Idealität getragen wird, die durch sie hindurchgeht und sie nach dem Gesetz einer inneren Notwendigkeit verbindet. Unsere Existenz dient nicht dazu, um zu erklären, um das Ideal zu erhellen, das die Merkmale unseres Lebens verbindet, wir laufen nicht wie die Verkünder des Theorems unserer Person herum, das nicht vergessen werden darf; in der Existenz sind wir weniger Objekte, ideale Ichs, sondern eher werden wir zu Schauspielern. Dieses Wort kann den Gedanken nahelegen, wir seien Simulanten, aber darum geht es überhaupt nicht. Wir sind Schauspieler, weil wir keinerlei ewiges oder beständiges Fundament haben, das unser Leben tragen würde und auf dem unser Denken die Sicherheit seiner Beziehung mit der Umwelt erlangen könnte. Und im übrigen bedeutet der Umstand, daß es keinerlei Fundament gibt und keine prästabilierte Harmonie zwischen unserem Geist und der Welt nicht, daß wir uns die Welt nach unserem Gutdünken konstruieren. Daß es keine Korrespondenzbeziehung oder garantierte Kohärenz zwischen unserem Geist und der Realität gibt, bedeutet nicht, daß es keinerlei Realität gebe und wir unsere Bilder, unsere Annahmen über die Realität mit der Realität selbst vertauschen könnten. Aber es bleibt die Tatsache, daß diese Realität, um als solche zu sein und als solche zu bestehen, immer jenseits unseres Zugriffs entsteht, daß sie der Hintergund ist, der uns fixiert, ob wir wollen oder nicht, ob wir es wissen oder nicht, und solange wir dem Wort »Realität« treu bleiben, ist sie das, was außerhalb unseres Aneignungsversuchs mittels einer Darstellung bleibt; »Realität« bedeutet das, was trotz unserer Worte bleibt, trotz unserer Gedanken, trotz unserer Darstellungen.

Die Sprache, die sich mehr als jede andere auf die Realität bezieht, ist die Sprache, die das Wort zum Schweigen bringt, damit sich am Ende eine Realität zeige; die motivierte Sprache ist, eher als die narzißtische und hysterische Sprache der Universität, die Sprache, die nicht vorgibt, sich mit der Realität zu identifizieren, sondern die die *Abweichung* respektiert, die zwischen ihr und der Realität besteht. Diese Sprache ist so beschaffen, daß sie sich deshalb ausdrückt, damit am Ende eine Realität sich ergibt, statt die Realität zu beschreiben und zu verkörpern oder sie in der eigenen Darstellung aufzuzehren und zu verschlingen. Die Sprache in ihrem motivierten und nicht bloß instrumentellen Gebrauch ist der Ausdruck unserer Huldigung gegenüber der Realität, so wie es in der Poesie geschieht. Und wir sind Schauspieler, nicht weil wir simulieren, sondern weil wir unsere Geschichte erfinden müssen mit dem Zweck, sie zu entdecken; *so merkwürdig es auch erscheinen mag, wir müssen das erfinden, was wir sind, um das zu werden, was wir sind*. Wir sind am Ende Schauspieler, nicht weil wir uns der Simulation oder Nachahmung dessen hingeben, was die authentische und definierte Realität eines jeden von uns wäre, sondern weil von dem Moment an, da wir keine Realität haben, die in unserer Reichweite schon bereit steht, um zu reflektieren und wiederzugeben, wir zu Schauspielern werden, sofern *die einzige Sache, die wir tun können, die Inszenierung des Problems unserer Wahrheit ist*. Es ist Zeit, damit aufzuhören, die Wahrheit in akademischen Begriffen zu denken, es ist Zeit, damit aufzuhören, das Problem der Wahrheit auf bornierte Weise zu denken und zu beschreiben, das heißt durch geschmacklose Formulierungen, die sich durch ihre Zielsetzung von selbst verbieten sollten. Man muß an einen Begriff von Wahrheit denken und ihn erarbeiten, der auf der Höhe des Problems ist, das durch den Begriff der Wahrheit gestellt wird. Man muß den Mut zur Wahrheit haben, und das bedeutet, daß wir bereit sein müssen, ein ungeheures Gewirr von Wegen zu durchschreiten, mit paradoxen Windungen und Wendepunkten, welche die Sprache vor uns aufreißt, sobald wir ihre Mechanismen auslösen. Genau wegen dieser Komplexität werden wir in Wirklichkeit Schauspieler; wegen der unzähligen zermürbenden Prüfungen der Sprache, denen wir uns aussetzen müssen, werden wir zu Schauspielern. Wir werden Schauspieler, wenn wir ehrlich sind; wenn wir ehrlich sind, müssen wir zugeben, daß wir Schauspieler sind, denn nur wenn wir zugeben, daß wir Schauspieler sind und keine Personifizierungen oder Protagonisten der Wahrheit, sind wir der Realität näher. Es wäre jedoch genauer, würde man sagen, wir seien nicht der Wahrheit näher, sondern der Situation, die vom Problem der Wahrheit geöffnet und ausgelöst wurde. In Wirklichkeit würgen sich diejenigen, die das Problem in traditioneller Weise angehen, mit den eigenen Händen, weil sie sich von Anfang an in eine tragische Alternative zwängen, die Alternative zwischen dem Vollbesitz der Wahrheit und dem totalen Skeptizismus, dem radikalen Verzicht. Aber beide Haltungen sind bornierte Gegensätze angesichts einer Frage, die nicht mit dem Mut angegangen wurde, der einem eigentlich das Eingeständnis abverlangen müßte, daß das Problem der Wahrheit nicht darin besteht, sie zu einem Ja oder Nein zu fixieren, sondern vielmehr darin, unsere tatsächliche Situation ihr gegenüber anzuerkennen. Die traditionelle These, wonach sich die Menschen auf der einen, die zu erfassende Wahrheit auf der anderen Seite befänden oder wonach es überhaupt keine Wahrheit zu erfassen gebe (sondern etwas anderes, etwas beliebiges anderes, Bedürfnisse, historische Kontingenzen, verschiedene Sichtweisen und so weiter), ist eine Fälschung. Es scheint jedoch, daß es gleichwohl etwas zum Problem der Wahrheit zu sagen gibt.

Wahrer ist es schon, wenn man anerkennt, welches unser Standpunkt gegenüber dem Problem der Wahrheit ist, statt sich sogleich darauf zu stürzen, diese festzulegen oder zu negieren, so als ob es keine Probleme gäbe. *Die bornierte Darstellung der Wahrheit ist eine Idealisierung des Problems der Wahrheit. Die bornierte Darstellung der Wahrheit ist die Sublimierung der Wahrheit.* Es ist wahrer, sich von dem Ansatz zu entfernen, der die Möglichkeit der Wahrheit entscheiden oder negieren will, indem er ihr direkt gegenübertritt; es ist wahrer, so möchte ich sagen, vom Problem der Wahrheit Abstand zu nehmen, das heißt vom kleinbürgerlichen Eifer, sich auf etwas zu stürzen, um stattdessen unsere Situation gegenüber der Realität so darzustellen, wie sie ist, und nicht so, wie wir wollen, daß sie sei, weil wir normalerweise unsere Idealisierungen über reale Situationen stülpen. Alle Kleinbürger haben große Eile, und da fast alle Menschen zu Kleinbürgern geworden sind, kann man sagen, daß beinahe alle Menschen Eile und Überstürzung zeigen und daß deshalb die gesamte Menschheit das Problem der Wahrheit idealisiert und sublimiert. Wir sind also Schauspieler unserer Wahrheit, nicht weil wir Simulanten wären, sondern weil wir dem Wahren näher sind, wenn wir unsere Position beschreiben, die auch Abstand zum Problem der Wahrheit bedeutet. Statt die Probleme zu übergehen, die zuerst kommen, *statt so zu sprechen und zu schreiben, als ob alle Probleme gelöst seien, statt so zu sprechen und zu schreiben, als ob um uns herum mittlerweile alles zum Besten stünde*, sollten wir uns erinnern, daß wir nicht der Entscheidung der Wahrheit gegenüberstehen, *sondern daß wir uns in der Situation befinden, in der schon der Begriff der Wahrheit ein Problem darstellt*. In den bornierten Fassungen der Wahrheit ist der Begriff der Wahrheit kein Problem, der Begriff der Wahrheit ist gefälscht, weil man annimmt, man wisse bereits, was sie immer sein kann. Dies erklärt das traditionelle Verständnis von philosophischer Arbeit als einer Produktion von Definitionen. Aber die Wahrheit, über die wir nicht verfügen, ist die, daß wir keinerlei Ahnung haben, wie man dieses Problem lösen sollte. *Aus diesem Grund sind wir Schauspieler einer Inszenierung unseres Problems gegenüber dem Begriff der Wahrheit, der kein Begriff ist, der schon von der Wahrheit entschieden wäre*. Deshalb werden wir zu Schauspielern *einer Inszenierung unserer selbst*, was die einzige Wahrheit ist, die uns erwartet, während wir uns von der idealisierten und sublimierten Fassung der Wahrheit entfernen, die ein unwirklicher Begriff von Wahrheit ist, die am Ende ein *Kitsch*begriff der Wahrheit ist. Um ein bißchen wahrhaftig zu sein, entfernen wir uns von der idealisierten Situation der Gegenüberstellung mit der Wahrheit – die voraussetzt, daß man schon weiß, was ihre Vokabel bedeutet – und werden zu Schauspielern. Statt die Wahrheit zu sagen, inszenieren *wir uns selbst im Hinblick auf das Problem der Wahrheit*. Als Schauspieler dieser Selbstinszenierung sind wir weit entfernt von der Wahrheit (und dies ist auch der erste Eindruck, den wir haben); wir sind auch näher an der Wahrheit, wenn dies sagen soll, daß wir als Schauspieler der Inszenierung unseres Lebens *eine bessere Ahnung vom Begriff der Wahrheit* haben, so fern dieser mittlerweile auch sein mag. Wir werden zu Schauspielern einer Inszenierung unserer selbst, weil es schändlich ist, von der Wahrheit zu sprechen, so als ob wir vor einem Begriff von ihr ständen, der bereits definiert und sozusagen vorgeformt ist. Es ist schändlich, von der Wahrheit und nicht von uns zu sprechen, die wir uns ihrem Problem stellen, von unserer Situation gegenüber dem Problem, das sie darstellt. Es ist schändlich, von der Wahrheit zu sprechen, ohne von uns zu sprechen, *weil wir gegenüber dem Problem der Wahrheit ein Teil des Problems der Wahrheit sind.*

Auch auf diese Weise bricht die Existenz auf den Umkreis unserer Reflexionen und Gedanken herein, die noch so raffiniert und wohlüberlegt sein mögen. Daß sich das Problem der Wahrheit, das früher so behandelt wurde, als ob es eine ideale, klar definierte Gestalt wäre, in der wir nicht zählen, nicht mehr zählen als etwa ein Forscher für die Auswirkungen der geologischen Gestalten eines Gebiets zählt, das von ihm entdeckt wurde, daß sich dieses Problem von seinen rein intellektuellen und inneren Termini in unsere Inszenierung verwandelt, daß wir selbst in den Vordergrund treten und einen Begriff der Wahrheit an und für sich untergraben, mit dem es uns nicht gelang, zurechtzukommen – all dies bedeutet die Umstellung des Begriffs der Wahrheit, der einzig in intellektuellen Termini gefaßt wurde, auf die Ebene der Existenz. *Daß das Problem der Wahrheit, das am Anfang introspektiv gelebt wurde, durch die Inszenierung unserer selbst transformiert und gelöst wurde, ist das Ergebnis jenes geronnenen Ausdrucks, mit dem die Existenz in unser Leben einbricht.* Vom Problem, das in Begriffen diskutiert wurde, die strengstens zu einem von einer Gemeinschaft der Ichs definierten Vokabular gehören, und welche die Ichs einer Gemeinschaft wurden, sind wir in eine Inszenierung hineingesprungen, in der unser Problem, das zuerst introspektiv analysiert wurde, zu einem Gesicht unserer Existenz wird, zu einer physiognomischen Gestalt unseres Lebens.

Durch diese Inszenierung treten wir aus uns selbst heraus. Wir verlassen das Ich, das wir waren, und wir nehmen den geronnenen Ausdruck von uns selbst an, der unsere Existenz selbst ist, befreit vom Ich, welches das Subjekt war, das all unsere inneren Bewegungen lenkte und alle geometrischen Labyrinthe in unserem Innern nachzeichnete. Der einfache Umstand, daß wir, statt die Seinsweise der Wahrheit zu verkünden, wie auch immer sie sein mag, uns selbst inszenieren, bedeutet, daß wir aus uns selbst herausgehen, daß wir uns vom Ich befreien, das wir waren. Von Zeit zu Zeit, dies ist die Wahrheit, gehen wir aus uns heraus; wir verlassen das Spinnengewebe der quälenden Alternativen, entlang derer sich unser Ich wie eine Spinne schnell bewegt; wir gehen aus uns heraus und treten in eine Szene der Existenz ein, in der wir nicht mehr die Probleme diskutieren, so wie wir sie im Innern unseres Ichs erlitten haben, in der wir nicht mehr die Probleme im Innern eines Vokabulars reflektieren, das die Wirkung hat, die Qual seiner Labyrinthe zu wiederholen und damit zu vervielfachen, sondern *wir erinnern uns an diese Probleme*. Alsbald, als Wirkung des Umstands, daß wir uns an unsere Probleme erinnern, produzieren wir ein umfangreiches Bild, das genau das Zeichen unseres Abschieds von ihnen ist; statt uns in die Probleme zu verwickeln, die introspektiv behandelt wurden, *gehen wir aus uns heraus*, wir gehen heraus und verbreiten uns in einer Szene, wir gehen aus uns heraus, wir befreien uns von den Beschränkungen der Fesseln unseres Ichs, das wie ein Gespenst in unserm Innern agierte, und uns in idealisierte Kreaturen und selbstzentrierte Subjekte verwandelt hat; wir gehen aus uns selbst heraus und werden zu Physiognomien, Gesichtern, Gesten und Blicken. Die Bedeutung von uns und von dem, was wir sagen, hat keine *analytische* Bedeutung mehr, weil sie zu einer Physiognomie geworden ist. *Wir als analytische Subjekte unseres Geistes sind am Ende zur Bedeutung einer Physiognomie geworden.*

Wir gehen aus uns heraus, um in die Inszenierung unserer selbst einzutreten, wo es keine analytisch zu behandelnde Wahrheit gibt, sondern wo wir eine Sinnesdarstellung von Zeichen, Gesichtern, Körperbewegungen sind, die die Zeichen, Gesichter, Gesten, Blicke und Körperbewegungen von uns sind, die wir eine Vergangenheit der ängstlichen Suche nach einer introspektiven Wahrheit hinter uns haben. Wir gehen aus dem unteilbaren

Punkt unseres Ichs heraus und verbreiten unser Ich in einer Szene der Zeichen, Gesten, Spuren und Blicke. Schon die Versicherung, nicht zu wissen, was die Wahrheit sei und daß alles, was wir sagen können, darin besteht, daß wir tatsächlich mit diesem Problem konfrontiert sind, schon dies zu sagen bedeutet, aus der Höhle unseres selbstzentrierten Ichs und des Regisseurs unserer intellektuellen analytischen Operationen herauszutreten, um in eine offene Szene von Sinneszeichen einzutreten, von denen wir unsere Physiognomie erhalten. Wir sagen, daß wir nicht sagen können, was die letzte und definitive Wahrheit sei, jenseits der Unwägbarkeiten von Raum und Zeit, und beschreiben unsere Situation als Personen, die dies sagen, statt sich dessen zu schämen oder den Zwang zu verspüren, um jeden Preis eine Wahrheit zu sagen, und schon haben wir die Szene unserer Existenz betreten, auf der wir Schauspieler der Wahrheit sind und nicht mehr introspektive Subjekte der Wahrheit. *Wir treten aus uns selbst heraus, wir treten aus unserer höchsten Anstrengung zur Wahrheit heraus, die paradoxerweise auch unser höchster Grad an Simulation ist, und werden zu Schauspielern der Inszenierung unseres Problems mit der Wahrheit.*